2024年度入試用

首都圏 公立中高一貫校ガイド

CO

森上 展安（森上教育研究所所長）

※新型コロナウイルス感染症の影響により、各校既存の行事やプログラムなどは中止されたものも含まれます。

公立中高一貫校と併願して

お得な私立中学校

公立中高一貫校の入試は「適性検査」と呼ばれています。これに対して、その入試の数日前に「よく似た出題」で腕試ししてもらおうと生まれたのが、私立中学の「適性検査型入試」です。そしていま適性検査型入試は、首都圏では市民権を得た入試スタイルとなっています。ここでは公立中高一貫校と「併願してお得」な私立適性検査型入試を、森上展安氏が解説します。

森上 展安
森上教育研究所所長

森上教育研究所所長。1953年、岡山県生まれ。早稲田大学卒業。進学塾経営などを経て、1987年に「森上教育研究所」を設立。「受験」をキーワードに幅広く教養問題をあつかう。近著に『入りやすくてお得な学校』『中学受験図鑑』などがある。

埼玉 難化の私立中学に対し受けやすい公立中高一貫校

埼玉の私立中学の一般入試は、この数年で倍率が2倍台から4倍台へと次第に難化しています。

その一方で、適性検査型入試については1倍台のため、その意味では受けやすい状況になっていると思われます。

ところが公立中高一貫校に目を転じると、そもそも倍率自体が最も高いさいたま市立浦和にしても2倍台なかばですから、併願ニーズもそれほど高いわけではありません。

川口市立高校附属も2021年度入試から参入して3年、男女それぞれ200人強で倍率2倍の入試状況になっています。

さいたま市立浦和とさいたま市立大宮国際は併願できるため、男子がいずれも300名そこそこ。女子は市立浦和で324名、さいたま市立大宮国際では女子が400名近くにまでなっています。さいたま市立浦和で倍率が男子2・5倍、女子2・7倍。また、さいたま市立大宮国際で男子は1・4倍、女子2・0倍という入試状況です。

これに対して、浦和実業学園の適性検査型入試が2023年入試では男子201名、女子250名と併願ニーズが高まっています。ただし倍率は緩和しています。

これ以外に聖望学園が200名強の受験者数を集めています。また西武学園文理も適性検査型入試を実施していますが、数字は非公表になっています。

千葉 人気の中心になった「真の6年制」稲毛国際

つぎに千葉をみていきます。

千葉の公立中高一貫校は昨年から千葉市立稲毛国際が完全中高一貫校としての募集を始め、定員も160名と他の公立中高一貫校と定員数をそろえた入試となり、入試状況が一変しました。2022年846名、2023年830名と、それまでの600名台の受験者数が大きく上昇、倍率も2・5倍～2・6倍と厳しくなっています。

県立千葉が1・7倍、県立東葛飾が2・4倍という状況を見ると、受験者数といい倍率といい、市立稲毛国際の相対的な高い人気がうかがわれます。

県立千葉も県立東葛飾も、中高一貫校ではあるものの中高併設型に近く、高校内容の先取りをしないことが比較的低倍率である理由かもしれません。

市立稲毛国際は中等教育学校として高校からの入学者はおらず、6カ年を見通したカリキュラムが立てやすくなりました。その意味では市立稲毛国際の変化参入で、千葉で公立中高一貫校人気が高まってきているともいえます。

確かに、適性検査型入試を実施している昭和学院と千葉明徳の受験者数も、昭和学院が164名から176名と伸び、千葉明徳が149名から243名と今春入試が大幅に伸長しています。これはやはり市立稲毛国際の変化がより併願ニーズの高まりを生んだと考えられるからではないでしょうか。倍率で見ると受けやすい状況です。

神奈川 完全中高一貫化した川崎市立川崎が大幅増加

つづいて神奈川に目を向けます。神奈川の公立中高一貫校は、県立が2校、川崎市立が1校、横浜市立2校で、市立がやや多いのが特徴です。2023年度入試では川崎市立川崎の受験者数が、この数年の470名から564名へと大幅に増加しました。

高校募集（普通科）が2021年度から停止されており、完全中高一貫校となりましたから、定員は変わらないものの大幅な受験者増となったものと考えられます。倍率も3・9倍から4・7倍へと厳しくなりました。

一方で県立2校、横浜市立2校の入試状況はあまり変化がありません。

したがって私立併願ニーズは高いものの、私立の適性検査型入試で大規模なものはありません。相模女子、自修館、橘学苑、鶴見大附属、日大中、横須賀学院、横浜翠陵、横浜隼人、横浜富士見丘などがありますが、いずれも低倍率です。

このなかでは、市立川崎の変化によって鶴見大附属の適性検査型入試が90名から146名へと大きく増加しています。ただし倍率は低い状況がつづいています。

難度厳しい都立一貫校 寄り添う適性検査型

東京

さて最後に東京の公立中高一貫校併願の入試をみていきたいと思います。

東京の公立中高一貫校はこの数年で併設型だった5校が完全中高一貫校に変更となりました。したがってそれらの学校は募集定員が男女60名から各80名に増員しました。すなわち富士、大泉、両国、武蔵の4校と、これに加えて白鷗も特別枠の入学者（最大6名）を加えて各85名になります。その結果、東京都立の公立中高一貫校10校はすべて完全中高一貫校となり、高い人気が継続するかまえとなりました。

いずれも共学校ですが、都立の中高一貫校の入試状況の特徴は、著しい女子人気です。女子の倍率が高い順に並べると三鷹6・3倍、桜修館5・9倍、白鷗5・0倍、大泉4・9倍、両国4・6倍、小石川4・5倍、南多摩4・3倍、立川国際4・2倍などとなっています。富士と武蔵を除けば4倍台が多数です。

一方で男子の倍率は三鷹が4・8倍、そして両国が4・7倍、小石川は4・1倍、桜修館が4・3倍。とはいえ、10校のうち半数は3倍台なのです。

東京都は現在、男女別定員を採用しているため、倍率は男女別の実倍率です。このような高倍率をみると、私立女子の倍率は1倍台が大半であるため、女子は私立を併願しておくことが必須の状況といえます。

さて、私立の適性検査型入試は、東京では、じつにたくさんの学校が実施しています。やはり都立中高一貫校の立地に近い学校に需要があります。

都立中高一貫校の立地は、三多摩と、いわゆる下町に分かれます。また、一部は都心部にもあります。したがって私立の併願需要も、それらの地域に沿っているといえます。

まず、下町地区で最も適性検査型入試の受験者数が多い私立は、都立中高一貫校で3番目に受験者数が多い両国と隣接した安田学園です。448名を数えます（ここでは第1回入試の受験者数）。

つぎは富士に近い宝仙学園理数インターで437名です。さらに三鷹と都立武蔵に近い聖徳学園の2月1日の412名がこれにつづきます。あとは南多摩に近い八王子学園八王子の307名、そして白鷗に近い駒込の230名、また小石川に近い郁文館の178名とつづきます。

なお、桜修館に近い品川翔英が128名と受験者数を増やしています。トキワ松学園の142名が、女子のみでもよく受験生を集めています。

三鷹と南多摩の併願が多い佼成学園女子が91人と押し上げています。

都立中高一貫校には先述した女子の厳しい入試状況がありますから、佼成学園女子やトキワ松学園のように女子校にも一定の需要があると思います。

一方、佼成学園の男子も60名の受験者数をしめしています。宝仙学園理数インター同様に富士、三鷹、また大泉に対応する出題です。

なお、都心需要では桜丘が約120名を集め注目されました。また城西大附属城西の72名、白梅学園清修の59名、多摩大聖ヶ丘の46名などが、適性検査併願ニーズを受け止めた入試といえます。

ただこれらの入試のなかには、たとえば安田学園や八王子学園八王子のように、適性検査型だけにはかぎらない、さまざまな入試と合算した集計になっているところもあり、かならずしも適性検査型だけの倍率や入試状況とはなっていないことには注意が必要だと思います。

ただ、京華だけは受験者数21名で倍率が2倍となっており、適性検査型ではめずらしく、少人数でも比較的高い倍率となっています。

また東京私立では、2月2日以降に実施される適性検査型入試も多々あって、そちらの倍率は2倍以上になっていることがままあります。当然ながらそれらは選抜試験としての意味あいが強まっていると考えられます。

そこで改めて考えたいのは、こうした私立の適性検査型入試を併願するメリットです。

これを考える材料として開智日本橋学園が111名の受験者を集めていましたが、今年度で適性検査型入試の中止を発表しています。今年度の倍率も、入試直後の発表では男子で6・5倍、女子4・6倍と、適性検査型入試としては例外的な高倍率でした。とくに男子の倍率は都立中高一貫校のどこよりも高く、女子にしても昨年度の5倍なら、桜修館と三鷹を除けば、どこよりも高い倍率といえます。

確かにこんなに高い倍率では、都立と併願というより、開智日本橋学園が第1志望なのでしょう。

もうひとつの側面は、適性検査型の私立校の出口実績が都立中高一貫校と比べてどうかという点です。

たとえば宝仙学園理数インターのように、隣接する富士と大きくは遜色がない実績ならば、併願する意義は大きいでしょう。とはいえそうした意味での該当校は、現状では宝仙学園理数インターしか、ほぼないのも実情です。

併願の意義をもうひとつあげれば、適性検査は、じつは選抜試験ではないということです。つまり都立の適性検査はあくまで総合的な見地からの判断材料のひとつという位置づけです。

しかし、適性検査自体は学力検査にほかならないのです。

世にいう選抜試験とは異なる学力検査だといえます。

特徴は基準準拠テストといって、わかりやすくいえば検定試験と同じ考え方のテストです。したがって基準に到達しているかどうかという評価はありますが、得点分布でいうといわゆる正規分布、グラフはベルカーブ（左右対称の釣鐘形）にはなっていません。

仮に横軸に得点、縦軸に得点人数をプロットするとすれば、カーブはふたコブらくだ曲線と呼ばれるふたつの山を描くことになります。これはかなり多くの受験生がいれば、それなりの到達度をしめした受験生とそうでない受験生とを判別できるのですが、近年のように受験生が4倍前後、あるいは、東京都以外の公立中高一貫校がそうであるように2倍程度だとするならば、ふたコブの左側の基準に到達していない受験生にも合格をださなくてはならなくなります。

適性検査型入試での入学者に見えるすぐれた資質

ここからさきは筆者の推測ですが、現場では、このような基準以下の受験生をも合格と判断せざるをえないような状況が起こっているのではないかと思います。

これは選抜試験ではないわけですから仕方のないことではあるわけです。とはいうものの、入学者の一部に「学力差のある集団」を抱えることになり、その集団にもしっかりと対応した指導が求められます。いわばここが、私立の併願先である公立との違いを強調できる点だと思います。

たとえば都立中高一貫校では、男女80人ずつが1学年にいますが、その指導について、能力別編成は立ち上がりが少し遅れました。

仮に併願先の私立にそうした能力別指導体制に一日の長があれば、そこは私立併願校に入学する意義があるといえます。私立の併願校は先述したとおり、倍率は1倍台が多く、かなりの合格率がのぞめます。

そして多くの私立併願校が、学校の魅力として、学力に見あった習熟度別指導をうたっています。そこが公立中高一貫校との大きな違いだと考えられます。

これが一般入試では相対評価になりますから、選抜基準はあくまでも、その集団のなかでよりよい得点を取った人に合格が許されますので、そのゴールラインは受ける集団によって高くなりもし、低くなりもします。

しかし、適性検査型の解答は記述式で選択式ではありませんから、問われたことを自分の言葉で考え表現することができればよく、浅く答えてもいいし、深く答えてもよいわけです。

つまり、各々が現状の到達点から中学の学びをスタートできますから、これは合理的です。以上のようなことから、私立併願先のお得な点は、生徒それぞれ、「個別に最適」の指導に希望が持てるという点です。

最後に適性検査型入試で一定の入学者がいる学校の先生がたが必ず指摘されるのが、一般入試からの進学者たちとの相違です。

それは活気があるという言葉で表現されますが、逆からみると一般入試の入学者はそこが乏しいということかもしれません。

一般入試と適性検査型入試のちがいは、前述したように集団準拠か、基準準拠かのちがいです。一般入試はテスト参加の集団のなかでの相対的な成績がでます。いわゆる偏差値の高い低いがかならず反映されます。

しかし、適性検査は一定の基準についてそれをクリアしたかどうかが問われます。クリアした人が少なければ指導方法がよくなかったのかもしれないわけで、基準そのものが明確です。

対して集団準拠は点数の分布ですから、集団がちがえば偏差値は高くも低くもなります。低くて気分がいいわけはありませんね。

一般入試はどうしてもそこに序列を持ちこみがちです。その意味から考えると、適性検査型入試からの入学者が明るいというのは、妙な序列意識を持ちこまず、クリアな学習目標を持てるからではないでしょうか。

駒込中学校

併設型中高一貫校の教育で確かな進路実現！

中学校は「国際先進コース」の1コース、高校は「国際教養コース」「理系先進コース」「特S・Sコース」の3コース制で、希望や適性に応じた進路を実現します。なかでも中学校の3年間は、基礎学力の定着をしっかりとはかっていきます。

中高6年間通った卒業生は駒込中学校（以下、駒込）についてつぎのように語ります。「もし君が将来のことを決めかねているのなら、駒込に来るといい。ここには自由がある。東京大学をめざす者から、芸術の道に進む者、スポーツに青春を捧げる者まで、なににもしばられることなく自由に活動している。君の夢を支える人と環境がここにはある。多様性を認めあうこの学校には君の夢を笑う者はいない」と。この生徒は、高校進学後、硬式野球部で部活動をまっとうし、見事、筑波大学医学群医学科に合格しています。

河合孝允校長は、「本校は『悪事を己にむかえ好事を他に与え、己を忘れて他を利するは慈悲の極みなり』という天台宗の教えを建学の精神とする学校です。悪事とは『悪いこと』ではありません。人の嫌がることや手間のかかること、という意味です。『未来からの来訪者』であるみなさんの利他心を育み、『なりたい自分になってもらいたい』との思いで、教育を行っています」と話されます。

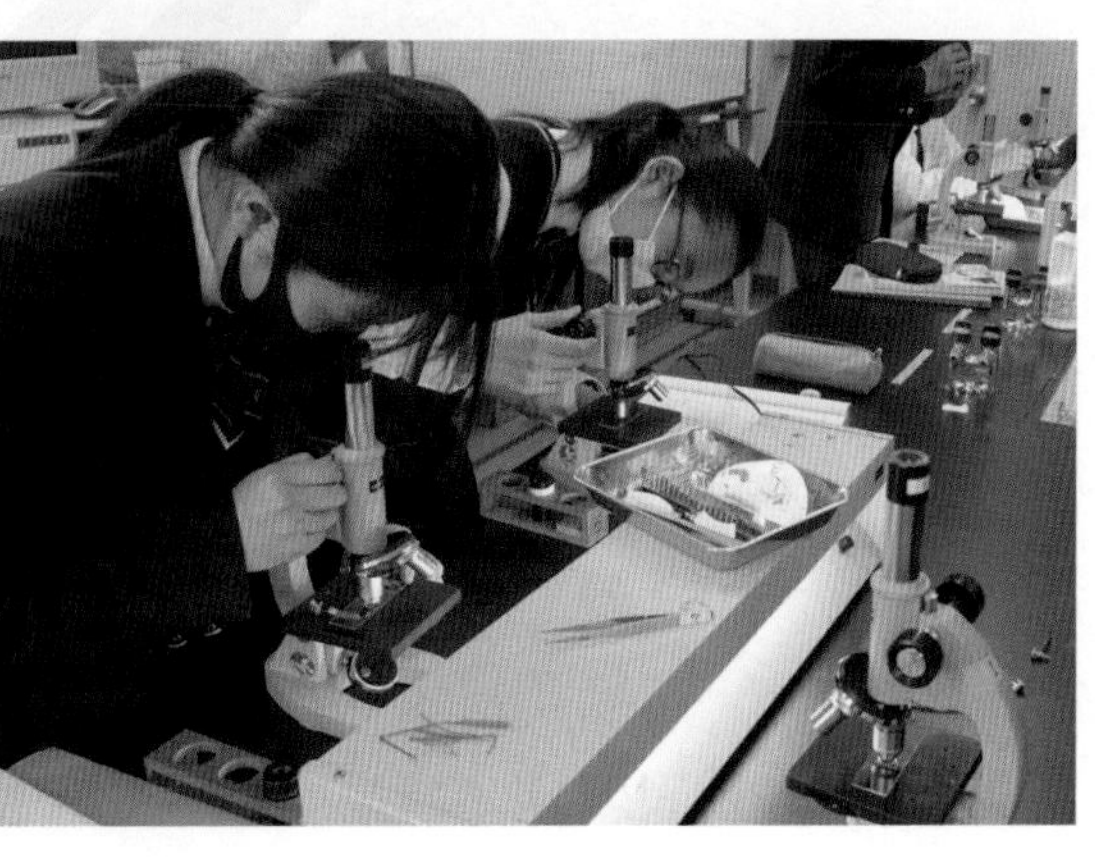

駒込は1682年に了翁禅師によって創立された「勧学講院」に端を発する伝統校です。仏教の教えのもと、自由で伸びやかな校風の学校として政財界、スポーツ界、芸能界など多彩な分野に卒業生を送りだしてきました。そうした伝統校でありながら、予測不能で変化のめまぐるしい未来を生徒が自律的に生きていけるようにするため、多様な教育改革を進めています。

その一例が、実学重視の「理科実験」です。中学校の理科の授業では、3年間で100回近く実験を行います。物理、化学、生物、地学のすべての分野で、まずは生徒に「本物」を体験させ、そのうえで知識を伝えていきます。このほか、タブレット端末を活用したICT教育、英語の上達のみならず、異文化への理解も深められるグローバル教育ともあわせて、新しい時代に必要な人材を育成しています。

◆人気の適性検査型入試と手厚い特待制度

駒込の適性検査型入試は、2月1日午前に、都立最難関中高一貫校を想定した「適性Ⅰ・Ⅱ・Ⅲ」を、また同時に、区立中高一貫校型の「適性1・2・3」も実施します。

また私学の豊かな教育を多くのかたに受けてもらいたいとの願いから、第3回の2月2日午後は「特待SS入試」として合格者には3カ年またはⅠカ年授業料を無償化します。科目は「算数1科」と「国語1科」の2種類です。適性検査型入試を経て入学してくる生徒も多く、受験生や保護者にとって、たんなる併願校で終わらない魅力的な教育内容が評価されている駒込です。

森上's eye!

多種多様な生徒が集い 高めあえる環境が魅力

多種多様な生徒が伸びのびと学生生活を謳歌しているところに大きな魅力があります。進学先についても、東大をはじめとする最難関大学合格者がいる一方で、東京芸大に進む生徒もいるなど、生徒それぞれが自分の将来をしっかりと考え、お互いに刺激を受けながら希望の進路に向けて邁進できる環境が整っています。

SCHOOL DATA　駒込中学校〈共学校〉

所在地 東京都文京区千駄木5-6-25
TEL 03-3828-4141
URL https://www.komagome.ed.jp/
アクセス 地下鉄南北線「本駒込」徒歩5分、地下鉄千代田線「千駄木」・都営三田線「白山」徒歩7分

学校説明会
10月14日(土)14:00～15:30
11月18日(土)14:00～15:30
12月10日(日)①10:00～11:30
②14:00～15:30
1月14日(日)10:00～11:30
※10月14日(土)と1月14日(日)はZoomでの配信も実施。

クラブ体験会
9月3日(日)①10:00～12:00
②14:00～16:00

夜の説明会
9月29日(金)　11月8日(水)
両日とも18:00～19:00

佼成学園女子中学校（こうせいがくえんじょし）

英語の佼成といわれる確かな英語力を育成

「国際社会で平和構築に貢献できる人材の育成」を設立理念とする佼成学園女子中学校。伝統ある英語教育と21世紀型教育を推進し、世界基準の女子リーダーの育成をめざします。

探究学習を推進し 主体的・対話的な学びを促す

２０２０年度より、「中間試験の廃止」「チーム担任制」「新時間割」など、新たな学校改革を推進する佼成学園女子中学校（以下、佼成女子）。授業には、プレゼンテーション、ディスカッション、グループワークなどを多く取り入れ、特別提携大学との高大連携授業を進めるなど、その学び方にも大きな変化が生まれています。

佼成女子がとくに力を入れているのが「探究学習」で、ものごとを多角的に考察し、対話的に学ぶ力を伸ばしていきます。まず中学では、身近な課題を設定し「自ら学び、自ら考える」とはどういうものかという探究学習をスタートします。

高校では総合的な探究の時間を利用し、高1は、クラス単位の講義とグループワークをつうじて、問いの立て方や情報収集の方法など、課題研究の基礎的な方法論を学びます。高2ではコース単位で独自の探究学習ゼミナールを行っており、国際コースは海外フィールドワークをもとに、特進コースでは少人数ゼミナールを開講し、進学コースは「クエストエデュケーション」プログラムでそれぞれの探究を進めていきます。そして、学年末に中1から高2の全生徒が参加して行われる「Presentation day」で、個々の探究学習の成果を発表します。

Presentation day

「探究学習で重要なのは、いま現在、課題解決が求められるような探究であること、その研究発表の場がしっかりとあること、そしてその発表を聴く人がコメントを返しながら学びを深めていくことが重要です。本校は、この『Presentation day』を学校行事の一環としてこれからも大切にしていきたいと考えています」と校長の榎並紳吉先生は語ります。

また、高2では、18歳成人を前に、自分の将来をじっくり考える時間として、新カリキュラム「キャリアデザイン」を導入しました。この授業の特徴は、現在、特別提携を進めている成城大学（すでに包括協定締結）、東京都市大学などの講義に参加できる点にあり、その大学に入学した場合、参加した講義の単位認定まで視野に入れた新しい学びとして注目されています。

特色ある英語・グローバル教育

佼成女子では、ひとつの教科ができるようになるとほかの教科に波及し、すべての学力の伸びにつながっていく、「Transfer of learning（学習の移転）」の考えをもとに、英語を基軸教科と位置づけて学力の向上に取り組んでいます。

年2回実施される「英検まつり」もそのひとつで、実施期間中は毎朝30分の「英単語チャレンジ」、放課後には「受検級別対策講座」を開講、2次試験（面接）対策としてネイティブ教員とのマンツーマンレッスンを行うなど、持続性・協調性といった女子校ならではの特性をいかした学習方法で、クラス単位で英語検定にチャレンジしています。その結果、過去3年間で、中高で英検1級に10名（うち5名は中学生）、準1級に100名（うち24名は中学生）が合格、2022年3月・中3終了時点の英検準2級以上取得率は81％と、年々、その取得率は増加傾向にあります。

日々の授業では、中1は、帰国生の取り出し授業などはせず、英語経験者（英検3級以上取得者）と未経験者をB、A、Sの3クラスに分けてそれぞれの理解度に合わせたきめ細かな授業を行っています。今年度の特別な取り組みとして、Sクラスではネイティブ教員と日本人教員が合同で実験や科学探究といったサイエンスの授業を英語で行っています。

ネイティブ教員の授業

また、20年以上続くイマージョン教育も佼成女子の魅力のひとつです。美術と音楽をネイティブ教員による英語イマージョンで行うことで、佼成女子がめざすSTEAM教育の根幹が形成されていきます。

そして中学の集大成として、中3の1月にニュージーランド修学旅行（6泊7日）を実施しています。希望者はそのままニュージーランドに滞在し、2か月間の中期留学に参加することもできるプログラムです。

中3・ニュージーランド修学旅行

◆高校は将来の目標から選択できる3コース制

高校には、国際コース（留学クラス・スーパーグローバルクラス）、特進コース、そして進学コースの特色ある3コースがあります。

【国際コース・留学クラス】

ニュージーランドの提携高校に全員が1年間留学するクラスです。留学準備プログラムも万全で留学中は現地駐在スタッフが生徒の日々のサポートをします。親元を離れてのホームステイで、圧倒的な英語力と人間力が養われます。

【国際コース・スーパーグローバルクラス】

課題研究を通じて主体的な研究力・課題解決力を養います。カリキュラムは特進コースと同じで国公立大学受験にも対応しています。2年次のタイ・フィールドワーク、3年次の英国ロンドン大学研修を柱に、世界で生き抜くための「国際感覚」を養います。

【特進コース】

ハイレベルな授業で難関私立大学・国公立大学への合格をめざすコースです。放課後講習（校内予備校）を有効に活用し、理系志望者は1年次から数学と理科の特設授業を受講することができます。

【進学コース】

勉強だけでなく部活動にも全力で取り組みたい生徒のためのコースです。豊富な指定校推薦と総合型選抜で、毎年多くの生徒が希望の大学へ進学しています。ハンドボール部・バスケットボール部・吹奏楽部が強化部活動に指定されています。

◆トップレベル講習と総合型選抜で難関大学への進学めざす

難関大学への合格実績も着実に向上しており、2023年度大学入試では、国公立大学3名、早慶上智34名、なかでも上智大学に19名が合格した点は注目です。G-MARCH37名の合格実績も残しています。この合格実績の背景にあるのが、佼成女子が推進する探究学習です。総合型選抜で目標大学をめざす生徒には必須の学習となっており、年々、その傾向が高まっています。また、佼成学園（男子校）と共同で実施するトップレベル講習も難関大学をめざすうえで効果的に作用しています。

「私が最も大切にしたいのは人間性、人に好かれることです。人に好かれるために、まず大切なことが『あいさつ』です。誰にでも笑顔で明るくあいさつを返せば、かならず好感を持たれるはずです。

今後は、佼成女子をいま以上に笑顔のあふれる明るい学校にして、社会で活躍できる主体性のある伸びのびとした女性を育成していきたいと思います」（榎並校長先生）

ロンドン大学での研修

森上's eye!

国際感覚豊かな探究学習
真の高大連携を推進

2020年度から始まった学校改革は、さらに進化して進行中です。探究学習の発表の場としてスタートした「Presentation day」は佼成女子の新たな学校行事となっています。

上智大学をはじめとした真の高大連携を進めており、新カリキュラム「キャリアデザイン」にも注目です。

SCHOOL DATA

佼成学園女子中学校〈女子校〉

所在地 東京都世田谷区給田2-1-1　アクセス 京王線「千歳烏山」徒歩5分、小田急線「千歳船橋」・「成城学園前」バス15分
TEL 03-3300-2351
URL https://www.girls.kosei.ac.jp/

オープンスクール	乙女祭（文化祭）
8月26日(土)	10月21日(土)・22日(日)

学校説明会	夜の入試個別相談会
9月9日(土)　9月30日(土)	11月15日(水)　11月22日(水)
10月14日(土)　11月4日(土)	11月28日(火)　11月30日(木)
11月25日(土)　12月10日(日)	12月5日(火)　12月7日(木)
1月13日(土)	

修徳中学校

しゅうとく

君はもっとできるはずだ！

「恩に気づき、恩に報いる」という建学の精神をベースに、徳育・知育・体育のバランスのとれた三位一体教育を実践する修徳中学校。進化したプログレス学習システムで、自ら学び、考え、行動する力を養います。

◆学習アプリと連携した授業 プログレス学習を推進！

これからの社会で必要とされる「自ら主体的に学ぶ姿勢」を身につけるための独自の学習システム「プログレス」を展開する修徳中学校・高等学校（以下、修徳）。民間の学習アプリを主要教科の授業に取り入れ、「プログレス学習センター」とも連携した新たな「プログレス」を展開しています。

「この学習アプリを導入した目的のひとつは、コロナ禍で登校できなくなった生徒にも登校している生徒と同等の授業を提供することにあります。また、クラスによって多少進度は異なりますが、生徒全員が同じ授業を、それもレベルの高い授業を受けることができることも目的のひとつです。個々の進度に応じて、いろいろな学習アプリを利用できるので、有効に活用したいと考えています」と教頭の小笠原健晴先生は語ります。

修徳では、「授業での集中力」「家庭での学習」を習慣づける独自のシステムとして「プログレス」を実施しています。学習システム「ELST®」を用いて英語4技能のトレーニングを行い、火・金曜日には「英単語テスト」を実施。また、「Studyplus」を使い生徒それぞれの学習記録を管理することで、学習習慣の定着につなげています。

Team Teaching

そして放課後には、全生徒を対象とした60分以上の自主・自律学習が、校舎に隣接した「プログレス学習センター」で義務づけられています。これを放課後プログレスと称し、部活動前はもちろん、部活動後にも多くの生徒が「プログレス学習センター」で自習する姿がみられます。

この取り組み以外にも、中学入学前に修徳独自のテキストで国語・数学・英語を学ぶスタートプログレスなど、自立した学習習慣を確立するためにさまざまな取り組みがプログレス学習として行われています。

プログレス学習センター

◆大学受験専用棟「プログレス学習センター」

修徳が誇る学習施設が、校舎に隣接する3階建ての「プログレス学習センター」です。２０１４年に大学受験専用学習棟として建設され、現在は、中1から高3まで自学自習の拠点として幅広く活用されています。

プログレス学習センターの1階には、80席の独立した自習席が整備されたプログレスホールやインターネット上で講義を視聴できるVOD学習のためのコンピュータールーム、生徒の学習相談や進路指導を行うカンファレンスルームなどがあります。

2階は仲間とともに学びあうスペースで、壁面の色が集中力を高めるブルー、理解力を高めるイエロー、リフレッシュ効果のあるグリーンの3つの講習室があり、放課後プログレスや高校生向けのハイレベル講習が行われています。

3階は第1志望を勝ち取るための個別学習ゾーンです。学習サプリを運営する企業から派遣された講師とチューターを配置し、1対1の完全個別指導を受けることができます。また、グループ学習のためのコモンルームや気分転換ができるカフェラウンジもあり、生徒それぞれの目的に合わせて利用することができます。

「1階から3階の施設全体で約３５０席の自習席があります。ふだんは毎日２００人ぐらいの生徒が利用していて、定期試験前はすぐに満席になるのですが、IDカードで全生徒の入退室を管理していますので、大学受験を控えた高3生には優先的に席が割り振られるようになっています。学習アプリとも連携した運営を行っていますので、質問や相談など、これまで以上に利用しやすくなっています。

また、土曜日も夜9時まで利用でき、学習をサポートするチューターも常駐していますので、多くの生徒が利用しています。いまではこの『プログレス学習センター』は、本校に欠かすことのできない特別な施設です」（小笠原教頭先生）

◆学校生活をより楽しむ学校行事と部活動

ここ数年、コロナ禍で学校行事などが思うように実施できていないこともあり、修徳では、生徒同士がより親交を深めることができるように、中高ともに全学年を対象にした、「友達づくり親睦会」を実施しています。

English Camp

「今年も先日、千葉県野田市の清水公園に行き、みんなでカレーをつくって食べました。よみうりランドでのバーベキューも実施予定です。この『友達づくり親睦会』は学校長の発案なのですが、日帰りで気軽に参加できるので生徒たちはとても楽しんでいます。また、学校行事もコロナ禍前とほぼ同じ内容で実施する予定で、6月のスポーツ大会から始まって9月に文化祭、10月に体育祭、11月には修学旅行（中3）も実施します。今年も昨年と同じ北陸方面に行く予定です」（小笠原教頭先生）

また、修徳ならではの新たな部活動の仕組みも生徒に好評です。

「これまで個々に活動していた文化部を『総合文化部』として1つの部に統合しました。科学部を科学班、家庭科部を家庭科班などとし、生徒が自分の好きな活動（班）に自由に参加できるような仕組みをつくりました。週3日を目安に活動していて、軽音楽班（高校）などの新しいクラブも始まっています。今後は、生徒からもいろいろなアイデアを募集して活動を広げていきたいと考えています」（小笠原教頭先生）

◆2024年度入試概要 コース制を一部変更

2024年度入試も特進クラスと進学クラスでの募集となり、入試の結果でクラス分けを行います。

入試日程は、2月1日（木）午前・午後、2月2日（金）午前・午後、2月3日（土）午後、2月4日（日）午後、2月5日（月）午後の全7回の予定です。試験科目は各入試で異なりますが、国・算・英から2科目選択型、国・算・英から1科目選択型、公立中高一貫入試対応型（作文）の3種類を実施予定です。

「2023年度入試では、1科目選択・2科目選択のいずれも英語を選択する受験生が増えています。本校の英語の入試問題は、英検4級程度を目安にしていますので、ぜひチャレンジしてみてください。年々上位校との併願が多くなっているので、大学進学実績の向上に向けた改革を進めて参ります」（小笠原教頭先生）

「恩に気づき、恩に報いる」ことのできる人になれるように、全力でサポートする修徳。生徒の未来をともに創造していく学校です。

東京グローバルゲートウェイ

森上's eye!

大学進学のための学びだけではなく学校生活を楽しむ仕掛けが満載

独自の学習施設「プログレス学習センター」では、日々の学習の補完だけではなく、大学受験のためのさまざまな受験対策や相談が行えることもあり、多くの生徒が利用しています。また、「友達づくり親睦会」や新たな部活動の仕組みなど学校生活を楽しく過ごすためのユニークな取り組みも始まっています。

SCHOOL DATA 修徳中学校〈共学校〉

所在地 東京都葛飾区青戸8-10-1 アクセス 地下鉄千代田線・JR常磐線「亀有」徒歩12分、京成線「青砥」徒歩17分
TEL 03-3601-0116
URL http://shutoku.ac.jp/

入試個別説明会 要Web予約
8月9日(水)～8月13日(日)
8月16日(水)～8月20日(日)
8月23日(水)～8月26日(土)
各10:00～16:00

ネイチャープログラム体験 要Web予約
8月12日(土)14:00～
8月27日(日)14:00～

学校説明会 予約不要
10月14日(土) 11月25日(土)
10月21日(土) 12月2日(土)
10月28日(土) 12月9日(土)
11月4日(土) 1月6日(土)
11月11日(土) 1月13日(土)
11月18日(土) 各14:00～16:00

藤村女子中学校

吉祥寺を舞台に生徒の得意を伸ばします

藤村女子中学校は時代の変化にともない、2022年に大きく変革しました。中学では特色ある3つのオリジナル授業を、高校では魅力あふれる3つのコースを用意し、予測困難な時代においても自ら道を切り拓いていける力を養っていきます。

◆オリジナル授業で生徒の得意をのばす

1932年の創立以来、「知・徳・体」を兼ね備えた個性豊かな女子の育成に取り組む藤村女子中学校・高等学校（以下、藤村女子）。これからの新しい時代に必要とされる人間力を育てるための教育改革が進行中です。

「これから生徒たちが生きていく時代は、私たちが想像できない世界だと思います。その時代を生き抜いていくためには、自ら考え行動する力が必要になってきます。これを本校では『生きる力』とし、中学では3つのオリジナル授業『自己表現』『自己探究』『自己研鑽』と『ふじ活』と呼ぶ探究を行い、高校では3つのコースを用意して、生徒それぞれの得意分野を伸ばしていきたいと考えています」と校長の廣瀬真奈美先生は話されます。

中学で週1時間行われているオリジナル授業のうち、まず「自己表現」の授業で培うのは、おもにプレゼンテーションの力です。「自分の思いを的確に伝える」ことを意識した資料のつくり方や発表の仕方、さらに聞き手としての心がまえなど、プレゼンテーションにまつわるさまざまなことを学び、実践していきます。英語での発表や、外部コンクールへの出場など、多様な手法で生徒の力を伸ばしていきます。

吉祥寺駅から徒歩5分 街も学びのフィールド

「自己探究」は、世の中の多彩なエンターテイメントを学問の視点から学んでいくユニークな授業です。

「いくらAI（人工知能）が発達しても人の感情を揺さぶるのは人間の力の方が長けているはずです。この授業では人を喜ばせる楽しさを知り、人びとの感情をどう動かしていきたいのか、そしてどんな職業に就きたいのかを考えるきっかけにつながればと考えています」（廣瀬校長先生）

「自己研鑽」は、漢検・英検などの検定試験合格をめざして、少人数のグループで教えあい、学びあう時間です。導入2年目となり漢検・英検の合格率も上がっており、今年度から中1・中2では、それぞれの取得級に分けた授業を行っています。また、英語の授業では、週5時間の授業のうち3時間をネイティブ教員によるオールイングリッシュの授業を行うなど、「自己研鑽」の成果が徐々に見え始めています。

「仲間といっしょに取り組むことで、生徒同士の学びあいが広まっていて、教員はファシリテーターとして生徒に寄り添いながら授業を進めています」（廣瀬校長先生）

◆フィールドワーク「ふじ活」と個性が際立つ高校の3コース

藤村女子では、以前から行ってきたフィールドワークを「ふじ活」という探究学習として実施しています。中1～中3が学年の枠を越えてグループを組み、3年間かけて吉祥寺の街を舞台に6種類のフィールドワーク（探究活動）に取り組んでいます。

グループで検定に挑戦！「自己研鑽」の授業

「『ふじ活』は課題解決型の探究です。3学年を縦割りでグループ分けしていますので、各学年とも刺激を受け、とてもいい相乗効果が生まれています」（廣瀬校長先生）

そして、高校では3つのコースで、生徒の個性を伸ばしていきます。

まず、「アカデミッククエストコース」では、「興味を広げる」探究学習を行っています。将来の進路を考えるうえで、自分の興味関心を知ることがまず大切です。そのために、高1では現代社会の課題と向きあった課題研究論文の作成や吉祥寺が抱える課題について杏林大学のゼミに参加し、大学生と協働しながら解決策を探る「地域活性化プロジェクト」などさまざまな体験をしていきます。そして高2では、企業が提示する課題について考え、解決方法を企業にプレゼンテーションします。

つづいて「キャリアデザインコース」で重要となるのは「自分を深める」です。高1では、世界にひとつだけの修学旅行を自分たちでつくりあげる「修学旅行をプロデュース」を実施、情報経営イノベーション専門職大学の教授による「マーケティング」「リーダーシップ」「マネージメント」の講義などが開講されます。

そして、3つ目の「スポーツウェルネスコース」は、アクティブな学びをとおして、人がより健康に生きるためのウェルネス社会について考えていきます。特色は、「スクーバダイビング実習」「スポーツ栄養学」「テーピング実習」「セルフメンタルマネージメント」など、従来の「保健体育」の枠には収まらない実習を行っている点で、順天堂大学の女性スポーツ研究センターと協定を結び、リーダーシップに特化した学びも行っています。そして高2からは、個々の進路に合わせて「教育・医療専攻」と「スポーツ健康専攻」に分かれ、より深い学びを行っていきます。

アカデミッククエストコースの吉祥寺探究

また、藤村女子では、今年度から自習室をリニューアルしました。大学生の学習メンターに質問しながら仲間といっしょに学びあう「メンターカフェ」、ひとりで静かに集中する「サイレント自習室」、そして進路について相談できる「学習相談室」の3つの自習室を用意し、90以上の放課後講座などで生徒の進路実現をサポートしています。

◆「国語1科目表現力入試」に加え「自己アピール入試」を導入

2024年度入試では、「自己アピール入試」（1日・午後）を新たに導入します。また、今春から導入した「国語1科目表現力入試」（1日・午後）も実施、「適性検査型入試」（1日・午前）の検査問題は、今年度入試と同様に都立三鷹中等教育学校を意識した問題に特化します。

『自己アピール入試』では、自分の得意とするものを、プレゼンテーションでも身体表現でも、どんな形でもかまいませんので、思いっきり表現してほしいです。また、『国語1科目表現力入試』は、私が作問しますので、みなさんが取り組みやすい問題にしようと考えています。

これからの世界は、ますます先行きが不透明で予測が困難な時代になっていくと思います。だからこそ、みなさんには、自分の限界を自分自身で決めずにいろいろなことにチャレンジするマインドを持ってほしいと思います。その土台をつくるのは中高だと思いますので、本校ではみなさんがそれぞれ持っている個性、得意を伸ばしていける学びを行っていきたいと考えています。そしてみなさんも自分自身を肯定して、自分も社会の立派な一員だという意識を持って中学へ入学し、学びをつづけてください」（廣瀬校長先生）

新たな教育プログラムを導入し2年目となる藤村女子。生徒をワクワクさせる改革が進んでいます。

ふじ活のゼミ発表会（マインクラフトの活動報告）

森上's eye!

新教育プログラム導入2年目 今年はその真価が問われる

昨年度から始まった中学のオリジナル授業や探究学習「ふじ活」が生徒のなかに浸透しているようで、その成果が少しずつ現れています。

2024年度入試で新たに導入する「自己アピール入試」には、どのような生徒が挑戦するのでしょうか。ユニークな入試になりそうで、興味深く見守っています。

SCHOOL DATA 藤村女子中学校〈女子校〉

所在地 東京都武蔵野市吉祥寺本町2-16-3
TEL 0422-22-1266
URL https://fujimura.ac.jp/
アクセス JR中央線・京王井の頭線・地下鉄東西線「吉祥寺」徒歩5分

オープンキャンパス（中高合同）
8月27日(日)

入試体験会
10月21日(土)
11月11日(土)
12月9日(土)
1月13日(土)

授業見学会
9月16日(土)
10月14日(土)
11月4日(土)

文化祭
9月30日(土)・10月1日(日)

※イベントはすべて予約制です。
一部変更になる場合がございますので、詳細はHPよりご確認ください。

安田学園中学校（やすだがくえん）

早慶上理の合格者が驚異的な右肩上がり！

安田学園中学校・高等学校は、「自学創造」を教育目標に掲げ、自ら考え学ぶ力を伸ばす授業をとおして創造的学力と人間力を身につけ、21世紀のグローバル社会で貢献する人材の育成に取り組んでいます。

◆学校完結型の学習環境で難関大学の合格実績が急伸！

2023年度大学入試においても難関大学の合格実績を伸ばした安田学園中学校・高等学校（以下、安田学園）。その合格実績のなかでもとくに注目したいのが、早慶上理ICUの合格者です。2021年度は63名だった合格者が、わずか2年で2倍超の137名になるなど、驚異的な右肩上がりをしめしています。

また、徳島大学、防衛医科大学校、国際医療福祉大学の医学科へ合格者をだすなど、少しずつ生徒の進路先にも変化がみられます。広報部長の藤村高史先生にうかがうと、「本校では、どの教科でも『根拠を追究』し、『なぜ？』を考える時間を大事にし、生徒が自ら考え学ぶ授業を核とした『学び力伸長システム』を展開しています。

また、高2・3学期からの『進学力伸長システム』では、放課後に大学群別に進学講座を開講していますので、塾や予備校に通うことなく、学校内で主体的に受験勉強を進めることができます。さらに探究プログラムで身につけた論理的思考力も最難関大学を突破する力になっていると思います」と話されます。

「学び力伸長システム」は、自ら考え学ぶ授業を核として、学ぶことの楽しさをつかみ、自分に合った学習法を確立していきます。年5回の定期試験前「独習ウィーク」や年3回学期末の「独習デー」、放課後補習や中学集大成テストなどがあり、生徒の生活・学習習慣を確立するためのさまざまなプログラムが用意されています。

「進学力伸長システム」は、最難関大学入試に対応できる学力をつけていくプログラムです。放課後進学講座、進学合宿、夏期・冬期講習、大学入学共通テスト模試演習講座などがあり、2月の国立大学2次試験の直前までつづけられるため、生徒は最後まであきらめずに第1志望へチャレンジすることができます。

これらの取り組みを「学校完結型の学習環境」と表現し、生徒一人ひとりの進路実現に向けてきめ細かくサポートしていきます。

	2019	2020	2021	2022	2023
国公立大学	49名	46名	52名	51名	41名
早慶上理ICU	34名	59名	63名	108名	137名
計	83名	105名	115名	159名	178名

◆思考力・表現力・創造力を生みだす探究プログラム

近年の大学合格実績の要因につながっているもう1つの特徴が、探究プログラムです。中学は週1時間、高校では週2時間の総合的な探究の授業として行われており、「疑問・課題⇒仮説の設定⇒検証（調査・観察・実験）⇒新しい仮説や疑問⇒…」という活動を繰り返し、根拠を持って論理的に探究することを学びます。

1年生は「自然科学探究」で探究の基礎を学び、2年生は「社会科学探究」でグループ探究を深めていきます。3年生の「地域研究」では、課題を発見・解決する話しあいを実践します。そして4年生からは「個人探究」に入り、これまで培った探究力をいかしてそれぞれの探究を深めていきます。5年生では、個人探究の成果をイギリス・オックスフォード大学のハートフォード・カレッジで教授や大学生にむけて英語で発表・ディスカッションをし、国際的視野を広げます。

また、批判的・論理的・迅速的な思考力を養成する目的で、3年次の社会科ではディベート授業も実施しています。

◆安田学園の英語・グローバル教育

安田学園は、大学入試のための英語力も重要だと考えていますが、世界で活躍するためのコミュニケーションツールとして英語が使えるようになることに注力しています。

英語の授業は、日本人教員とネイティブ教員が連携しながら授業を行っています。授業の冒頭5分間は「リスニング」、中1から自分の考えを英語で書く「ライティング」、ペアワークやオンライン英会話などの「スピーキング」、さらに図書館に収蔵された6500冊の洋書をいかした「リーディング（多読）」と、授業のなかで4技能をバランスよく習得していきます。授業以外では、毎年行われている「スピーチコンテスト」や年5回実施される「英単語コンテスト」などがあり、成績優秀者に表彰状や記念品が授与されるなど、生徒のモチベーションを高める工夫もされています。

また、グローバル体験も安田学園の魅力の1つです。出願時のアンケートでは、約半数の受験生がグローバ体験に興味があると回答しており、今年度の実施内容が注目されます。

「今年の1月からの3か月短期留学（ニュージーランド、オーストラリア）には、高1・高2の希望者70名が参加しました。また、昨夏に実施できなかったニュージーランド語学研修をこの3月に行い、こちらには中2〜高2までの希望者200名が参加しています。これらの参加人数には正直驚いていますが、これまで学んできた英語力や探究力を海外で試してみたいと考える生徒が多いのだと感心しています。

今夏にはニュージーランド語学研修を実施する予定ですし、探究学習の集大成となるイギリスでのグローバル探究（高2全員）も行う予定です」（藤村先生）

◆次の100年を見据えた新たなチャレンジ

安田学園は今年、創立100周年を迎えました。男女ともに制服を一新し、また、今年度入試から先進コースのみ募集とするなど、新たな歴史を刻み始めています。

「先進コースのみの募集となり、合格者平均点が少し上がりました。塾の先生からも合格する生徒の層が変わってきたと言われていますが、本校の学びのスタイルには変更はありません。優秀な生徒さんが多く入学してくれるようになりましたので、より高度な内容に特化していきたいと思います。

中高一貫校では、大学進学がひとつの目標だとすると、その達成のために6年間でどんなレールが敷かれているのかが大事だと思います。本校は『自学創造』の教育理念のもと、学校完結型の学習環境、探究プログラム、そしてグローバル教育でそのレールを組んでいきます。創立100周年を迎え、つぎの目標は、いま以上に丁寧な学びで、国公立大学へ50%の生徒が進学する学校にしたいと思います。そして受験生のみなさんから第1志望に選ばれる学校をめざします」（藤村先生）

森上's eye!

創立100周年を機に新たな歴史に挑戦する学校

今年度もやはり、先進コースの卒業生の増加にともない難関大学の合格実績が増加しています。とくに早慶上理ICUへの合格者急増と医学科への合格者を増やすなど、次のステップへと向かい始めているようです。

また、中2から高2まで、希望すれば毎年グローバル体験ができるのも安田学園の魅力ではないでしょうか。

SCHOOL DATA

安田学園中学校〈共学校〉

所在地 東京都墨田区横網2-2-25
URL https://www.yasuda.ed.jp/
TEL 0120-501-528（入試広報室直通）
アクセス JR総武線「両国」徒歩6分、都営大江戸線「両国」徒歩3分、都営浅草線「蔵前」徒歩10分

学校説明会

9月16日(土)
9：00〜/10：00〜/14：30〜
10月 7 日(土)
9：00〜/10：00〜/14：30〜
10月28日(土)14：30〜/15：30〜
11月 3 日(祝) 9：00〜/10：00〜
12月 2 日(土)14：30〜/15：50〜
※入試傾向と対策
1 月 6 日(土)13：00〜/14：20〜
※入試傾向と対策

※すべて予約制です。

首都圏公立中高一貫校２０２３年度入試の結果から

２０２４年度入試を予測する

２０２３年度までに、５校あった都立の併設型中高一貫校がつぎつぎと高校募集を停止して中学募集枠を拡大、神奈川では、すでに男女合同定員制の川崎市立川崎に、県立の中等教育学校２校と横浜市立の２校が追随して、神奈川全５校が男女別定員から男女合同定員に移行しました。新型コロナウイルス感染症まん延によりさまざまな制約があった、ここ３年の入試から、来年度はコロナ禍以前のスタイルに回帰するのではないかとの期待があります。その期待に応えるように、「中学受験全体のボリュームは前年を上回る」との予測が多方面から聞こえてきます。さまざまな動きがある首都圏の公立中高一貫校について、まずは前年度入試結果をふまえながら２０２４年度入試はどうなるのか予測してみましょう。

現在１３７校設置の全国の公立中高一貫校

これまで公立中高一貫校を設置してこなかった愛知（県）は、２０２５年度４校、26年度３校の公立中高一貫校（普通科）を立ち上げます。その愛知が、各都道府県を調査し、２０２２年度に公表したデータがあります。その調査によると全国には公立中高一貫校が１３７校あり、ほぼすべてが普通科。そのうちの約４割にあたる52校がスーパーサイエンスハイスクールや旧スーパーグローバルハイスクール指定校、また理数教育や国際バカロレア教育を軸とした高度な学びを実践していると分析しています。確かに、ここで紹介する首都圏の公立中高一貫校も、いずれも難関大学進学を意識した学校デザインとなっています。

従来の中学校に高等学校を重ねる制度に加えて、６年間の一貫した教育課程や学習環境のもとで学ぶ機会を選択できるようにと、１９９８年の学校教育法改正で、中高一貫校が制度化されました。教育の多様化がねらいだったといえます。

中高一貫校には以下の３つのタイプがあります。

①中等教育学校（高校募集がなく、６年間同じメンバーで学ぶ）

②高校募集がある併設型と呼ばれる学校。一部の生徒は高校から入学する（〇〇中学校や〇〇高校附属という校名が一般的）。

③連携型と呼ばれる学校。中学は市町村立で入試をともなわないので、ここでの記事には加えません。

前述の愛知の調査では、全公立中高一貫校１３７校のうち34校が中等教育学校で１０３校が併設型です。

首都圏の中高一貫校は私立校から始まった

首都圏の中高一貫校は、まず私立の学校から始まりました。各校は６年というタームを効率のよい学習期に振り分けたシステムを確立、難関大学進学で成果を上げ始めました。典型的だったのが東京大学進学で、かつては全国一の合格者を誇っていた都立日比谷が後退、代わって中高一貫の灘（兵庫）や開成がトップを争うようになりました。こうして私立の中高一貫校人気は右肩上がりのカーブをしめすようになります。

危機感を抱いた公立側は、２０００年代に入り、大学進学実績が高かった高校に中学校を設置するかたちで、公立の中高一貫校をつくり始めます。首都圏（東京、神奈川、千葉、埼玉）で最も早く開校したのは県立伊奈学園で２００３年の開校。東京都では白鷗が２００５年に初めて設置されました。

【表１】2023年度都内公立中高一貫校入試結果

学校名	募集人数	応募者数		応募倍率
		2022	2023	
桜修館中等教育学校	男80	334	**357**	4.5
	女80	493	**507**	6.3
大泉高校附属	男80	**345**	323	4.0
	女80	**391**	**411**	5.1
小石川中等教育学校	男80	346	**356**	4.5
	女80	366	**389**	4.9
立川国際中等教育学校	男65	**299**	213	3.3
	女65	**363**	281	4.3
白鷗高校附属	男85	288	**307**	3.6
	女85	418	**439**	5.2
富士高校附属	男80	**262**	**267**	3.3
	女80	**348**	307	3.8
三鷹中等教育学校	男80	**455**	404	5.1
	女80	**489**	**520**	6.5
南多摩中等教育学校	男80	331	308	3.9
	女80	348	**354**	4.4
武蔵高校附属	男80	249	246	3.1
	女80	**246**	225	2.8
両国高校附属	男80	399	393	4.9
	女80	382	382	4.8
千代田区立九段中等教育学校区分B	男女80	186	177	4.4
		262	230	5.8

※小石川中等教育学校、立川国際中等教育学校、白鷗高校附属の数字は一般枠（特別枠の人数を含む）のもの。千代田区立九段中等教育学校は区分B（区分Aが千代田区内）のもの。
※太字は前年より増加をしめす。

【表２】2023年神奈川・千葉・埼玉の公立中高一貫校入試結果

学校名	募集人数	応募者数		応募倍率
		2022	2023	
神奈川県立相模原中等教育学校	男女160	1062	982	6.1
神奈川県立平塚中等教育学校	男女160	772	737	4.6
川崎市立川崎高校附属	男女120	**489**	**588**	4.9
横浜市立南高校附属	男女160	353	**865**	5.4
		507		
横浜市立横浜サイエンスフロンティア高校附属	男女80	290	467	5.8
		231		
千葉県立千葉	男40	**349**	292	7.3
	女40	251	**278**	7.0
千葉県立東葛飾	男40	**453**	396	9.9
	女40	**412**	397	9.9
千葉市立稲毛国際中等教育学校	男女160	**858**	851	5.3
埼玉県立伊奈学園	男女80	440	365	4.6
さいたま市立浦和	男40	**291**	**307**	7.7
	女40	**333**	333	8.3
さいたま市立大宮国際中等教育学校	男80	**282**	**283**	3.5
	女80	**404**	401	5.0
川口市立高校附属	男40	191	**211**	5.3
	女40	227	207	5.2

※千葉県立千葉、千葉県立東葛飾、埼玉県立伊奈学園、さいたま市立浦和、さいたま市立大宮国際中等教育学校、川口市立高校附属は一次検査時の数字。
※募集人数が男女計でも男女同数を基本としている。募集人数が男女計の場合は、応募倍率も男女合わせた数字でだしている。
※太字は前年より増加をしめす。

いまでは、首都圏の公立中高一貫校は各校とも難関大学進学で顕著な実績を上げています。

全国的には、全137校を設置する都道府県のなかで、いま最も校数が多いのが茨城の13校、ついで東京の11校、新潟7校です。別表のとおり首都圏では神奈川5校、埼玉4校、千葉3校です。

しかし、公立中高一貫校が存在しない県もあって、現在、富山、岐阜、愛知、三重、鳥取、島根の6県には、公立中高一貫校はありません（連携型を除く）。なお、冒頭で述べたとおり、愛知には2025年度に初の公立中高一貫校4校が誕生予定です。

開校時の高倍率は漸減しても応募倍率10倍近い学校も

では、首都圏の公立中高一貫校についてみていきましょう。校数は年々増え、現在首都圏には23校の公立中高一貫校があります。いま、この校数で落ちついたといえる印象です。

設置者は都・県立だけでなく、区立や市立もあります。

公立中高一貫校の入試は、開校初年度は、小学校の学習範囲からしか出題されない「適性検査」（教科別の問題ではなく教科融合問題）ということをプラス材料とみて、多くの児童が受ける傾向にあり、驚くような高倍率になることがありました。

しかし、開校2、3年後には、しっかり準備しなければ受からないことがわかり、子弟の「手も足もでなかった……」というマイナス感情への心配もあって、年々応募者数は下がっていきます。

首都圏4都県の応募者総数は、2021年度から2022年度には305人減り、2023年度はさらに439人減って総数1万5356人でした。

応募者が減るのに呼応して応募倍率も下がりますが、国際化などの学校改革があると倍率も跳ね上がり、私立の中高一貫校に比べると高倍率であることは変わりません。別表のとおり5倍以上もめだち、なかには10倍近い学校もあります。

併設型をやめ高校募集停止の白鷗が男女で応募者増やす

東京都には都立の中高一貫校10校と千代田区立九段の計11校がありますが、東京の応募者は全体では2022年度の7600人から、2023年度も減少傾向がつづき7396人へと減らしました。

2023年度、併設型だった白鷗が高校募集を停止し、定員を男女各68人から各85人に、合わせて34人、1クラス分増やしました。同校には特別枠募集（男女合わせて6人以内）がありますが、定員にはこの6人までの合格者が含まれます。はたして、この定員増で白鷗の応募者は、男子で19人増、女子で21人増でした。

ところで、都立10校のうち中等教育学校が5校、併設型の○○高校附属中学が5校創設されたのですが、白鷗の高校募集停止で併設型5校すべてが、高校からの入学者は受けつけなくなりました。

高校からの入学では「内部生の学力に追いつけないのでは」という懸念から敬遠されたためか、高校からの応募者が減り、入学者選抜として機能していないとの指摘からの転換とみられます。なお、○○高校附属中学の名称はこのままで、附属中学時代の入学者の卒業を待って、中等教育学校に改称するものと思われます。

2023年度入試の応募者増減では、男女とも増やしたのが、白鷗のほか、桜修館と小石川。

三鷹が女子で30人以上増やしましたが、逆に男子は50人以上減。

このほかでは、立川国際・男子の86人減、富士・女子の41人減がめだちます。この2校、昨年は増やしていましたから隔年現象なのでしょう。

3県合わせ235人応募者減 男女合同定員制への移行進む

東京以外の3県をみてみます。3県全体の応募者では、8195人→7960人と235人減りました。

神奈川は、県立・市立5校全体の応募者は3704人→3639人と減りました。

千葉は市立稲毛高校附属が市立稲毛国際中等教育学校に改編され、昨年度は募集人員の倍増を受けて応募者が大きく増加。2023年度もその数をほぼ維持していますが、千葉県内3校では2323人→2214人と100人程度のマイナスです。

埼玉をみるとさいたま市立浦和、さいたま市立大宮国際、川口市立高校附属ら3校の男子がそれぞれ増やすも、埼玉全体としては2168人→2107人と、約60人の減でした。

学校別にみると男女合わせて応募者が増加したのは、川崎市立川崎、横浜市立南、市立浦和の3校でした。

首都圏全体を俯瞰すれば人気が回復している学校が見つかります。その回復要因を探ることも大切です。

さて、別表を見てもおわかりのように、公立中高一貫校の応募者は女子の方が多い学校がめだちます。適性検査問題は、長い文章の読解が必要となりますし、記述では解答欄の文字数が多い例もあることから、女子の方が「得意」と考える人が多いのかもしれません。

さて、2023年度から神奈川の5校が男女合同定員制に変わったことで、合格者の発表も男女別では公表されなくなりました。この動きが広まれば今後、このような男女の比較はできなくなることになります。

その前年までは、市立川崎、市立稲毛国際、県立伊奈学園の3校だけが男女合同定員制でしたから、その動きは「急」です。実際に来年度、千葉県立2校や千代田区立九段が男女合同定員制に移行することを発表しています。

では、なぜ男女合同定員制への動きがでてきているのでしょうか。

5年前の2018年大学入試で、一部大学の医学部が女性や過年度受験者の合否を不利にあつかった事案が発覚、社会的な問題となりました。

この問題を受け、文部科学省は合否判定について「合理的な理由なく性別や年齢を理由として合否に差異を設けることは不適切である」と通達しました。

おもに大学入試に関しての通達でしたが、余波は全国の公立高校にもおよびました。調べるなかで全国の公立高校で唯一、男女別定員制を設けていたのが、東京都立高校の全日制普通科入試だったのです。

男女別定員制では男女を分けて成績順に合否を決めます。

男女合同定員制では、男女に関係なく全員の合否を成績順で決めます。

大半の都立高校では例年、女子の合格ラインが男子より高くなる傾向があり、男女合同定員制であれば、合格しているはずの女子受検者が不利になっている例が多かったのです。

それまでは「ふつうのこと」でも、ジェンダーレス（男女間における区別や性差の境界線をなくすこと）の考え方が浸透してきていたこともあって、男女間の合格最低点の格差是正を求める声が強くなりました。

東京都教育委員会では、都立高校での男女間格差を段階的に解消していくこととし、この2023年度入試では各校受検者の20%を成績順に合否判定しました。この結果をみて、つぎの段階では全受検生を成績順に判定する、つまり男女合同定員制に移行するとしています。ただ、まだその結果を受けての措置は公表されていません（6月末日現在）。

首都圏の公立中高一貫校で、男女合同定員制に移行する学校が増えてきたのは、この一連の動きの影響と考えるのは無理のないところです。

他県は別表のとおりで、首都圏の公立中高一貫校では、まだ男女別定員制の学校の方が多いのが現状です（7月12日現在）。しかし、応募者は女子の方が多い学校がめだちます。

ただ、その数字からだけでは、「男女別では女子が不利」になっているとはいいきれません。

現状で、男女合同定員制を敷いている学校ではどうなのでしょう。このなかで唯一、合格者を男女別につまびらかにしている市立稲毛国際の例を見てみましょう。

２０２２年度合格者は男子64人、女子96人。２０２３年度は男子61人、女子99人。ともに定員は１６０人で女子が60％以上を占めました。

男女合同定員制をうたっている他校では、男女別合格者は非公表がほとんどですが、1次、2次を設けるなかで、1次検査合格者の段階で男女の区別なく成績順に合否を決めている学校は、男女合同定員制に実際にふみだしているといえそうです。

いずれにしても、男女合同定員制への流れはつづきそうです。都立高校が移行すれば、都の公立中高一貫校も移行へと動くでしょう。9月の各校募集要項発表が待たれます。埼玉の発表は10月末の予定です。

男女合同定員制になると、女子受検者が多い状況から考えて、市立稲毛国際同様、女子合格者の方が多くなることも考えられます。

私立併願受験生が多いと入学辞退者も多くなる

各都県で公立中高一貫校立ち上げが始まったころは「不合格なら地域の公立中学に」ということがふつうでした。しかし、公立中高一貫校をめざすために、私立中高一貫校受験同様、進学塾に通う例が多くなり、2年程度準備をしての受験後では、「地域の公立中学進学ではもったいない」と感じる家庭が増え、公立中高一貫校を第1志望に、私立中高一貫校も併願するようになりました。

その逆もあり、私立中高一貫校を本命として勉強してきた受験生が公立中高一貫校も受けることも増えました。

入学者の9割以上が私立中高一貫校を受けている学校もあるほどです。

東京都教育委員会の資料で、都立10校について、試験当日の欠席者数、合格発表後の辞退者数がわかります。

年ごとにみてみると、欠席者数は男子１９７人↓１６４人↓１４１人↓１６１人↓１５３人、女子２５５人↓２２３人↓１９６人↓２０２人↓１８８人と、昨年は久々に増えましたが、再び減少に転じています。

入学辞退者数は、男子44人↓39人↓41人↓52人↓50人、女子38人↓51人↓33人↓45人↓59人と女子は大きく増えました。男女とも私立中高一貫校を併願する者が増え、私立に流れているためと思われます。

昨年度欠席者が多かったのは、男子は小石川が31人と最多で、白鷗25人、両国20人とつづきます。女子は桜修館が38人と最多で、小石川29人、白鷗27人、大泉23人です。ここに登場する学校は例年、男女でほぼ共通しています。ちなみに千代田区立九段は男子が20人、女子が11人。

入学辞退者は、男子は両国が13人、小石川が12人。ほかは都立武蔵7人以外はすべて5人以下（武蔵は同名の私立中高一貫校があるため、都立を付記しています）。女子は小石川が17人、桜修館11人、大泉が6人で、ほかはすべて5人以下です。

他県での欠席者をみましょう。神奈川では県立相模原が男女合わせて47人、県立平塚・男女12人、市立南・男女29人、市立横浜サイエンスフロンティア・男女21人、市立川崎・男女24人。

千葉では、県立千葉・男女6人、県立東葛飾・男女19人、市立稲毛国際・男女20人。埼玉は県立伊奈学園・男女4人、市立浦和・男子6人、女子9人、市立大宮国際・男子3人、女子10人、川口市立高校附属・男子7人、女子4人です。

千葉、埼玉の学校は一次の欠席者は少ないですが、二次で多くなります（同じさいたま市の市立浦和と市立大宮国際は一次は併願が可能）。

私立の適性検査型入試にはどのくらいの受験者が？

公立中高一貫校は倍率が5倍を超えているところもあり、不合格になることが多いので、私立中高一貫校には、適性検査に向けた勉強でも受けられる「適性検査型入試」を設定する学校があります。

なかには「うちの適性検査型入試は○○中等教育学校、××高校附属中学を意識して作問をしています」

とうたっているケースもあります。そのほか入学金や授業料免除の特待生をだす学校もよくみられます。

公立中高一貫校を受ける人にとって受験しやすい私立の「適性検査型入試」ですが、2023年度、実際に各校にどのくらいの受験者がいたのでしょうか（左ページ【表3】）。

この表には100人以上の受験者がいた学校だけをあげましたが、このほかにも多数の学校が適性検査型入試を実施しています。

適性検査型入試はいつ行われるかというと、2月1日の午前・午後が圧倒的に多くなっています。

受験生が多く集まる適性検査型入試を実施する学校の特徴は①完全に練習台として受けてみる埼玉・千葉の学校、②都立の、ある学校の適性検査問題に似せた出題をしてくれる学校、③ねらうのは、もともと人気のある学校や注目校で、都立がダメだったら入学してもかまわない学校、の3パターンです。

私立中高一貫校では一般入試問題で、いまだに学習の成果を「知識量ではかる問題」が多くみられます。このような出題では、第1志望を公立中高一貫校として、それに向けて勉強し、対策をしてきた受験生は得点が取れません。

そうした受験生用に「適性検査型入試」があるといってよく、公立中高一貫校向けの学習をつづけてきた受験生で、併願先として私立中高一貫校を探しているのなら、適性検査型入試を実施している私立中高一貫校を検討するのもよいでしょう。

適性検査型入試受験生は私立入学後伸びる傾向あり

私立中高一貫校の先生がたに聞くと、適性検査型入試で入学してきた生徒は、入学後、一段と伸びてくる場合が多いそうです。先生がたのお話から、そのわけを探ってみます。

公立中高一貫校対策の学習で多くの文章を読み、たくさんの作文を書くことが習慣づけられ、計算問題も多く消化しているので、学力の基本である「読解力」や「記述力」、「集中力」がついている。

コツコツとがんばる生徒が多い。成績は中学2年生で伸び始め、高校で開花する。学年トップ層に入ってくる生徒も多く、行事にも積極的に参加、リーダーシップを発揮する。

「探究学習」が始まっているが、プレゼンテーションでとくに力を発揮する。

などが、先生がたの印象です。

昨年の春には開智日本橋学園1期生、八王子学園八王子・東大医進クラス1期生から東京大学合格者がでており、いずれも適性検査型入学者でした。

このタイプの入試の草分け的存在の佼成学園女子は（当時はPISA型入試と呼んでいた）、いま上智大学に多くの生徒を送り注目されていますが、その実績の原動力が適性検査型入学者だといいます。この春にはひとりで東京外国語大学言語文化学部、慶應義塾大学文学部、上智大学外国語学部に受かった生徒がいます。

安田学園や郁文館、聖徳学園では難関国公立大学をはじめ、私立では東京理科大学進学者が目を引きます。

他校でも、適性検査型入学からの卒業生は少ないにもかかわらず、早慶上智などの難関大学に進む割合が高い、といいます。

公立中高一貫校の魅力はすぐれた教育内容にある

公立中高一貫校同士は全国的に交流し、かなり研究しあい、競いあっています。いまでは、私立中高一貫校と見まがうような教育システムや行事、海外交流もみられます。

たとえば、ふつうの公立中学ではまず行われない海外研修の機会がある学校が多数あります。なかにはシリコンバレー研修といった、先端的な学びができる訪問先での見聞や体験を重視している学校もあります。

私立並みの、大学との連携教育があるのは当然といった趣ですし、フィールドワークをともなう探究型学習、ネイティブスピーカーによる英語教育、卒業論文の作成・発表……なども実施されています。

難関大学への合格実績も伸びています。この春はまだ卒業生をだしていない、市立大宮国際、川口市立高校附属、市立稲毛国際を除く20校のうち15校、75%が東京大学への合格者をだし、小石川15人、横浜市立南11人をはじめ、全79人におよびます。

2024年度入試予測ではより厳しい状況となりそう

来年度（2024年度）の首都圏公立中高一貫校入試は、どんな様相を呈すのでしょうか。

これまでにわかっている入試変更点で大きいものは、前述したように、千葉県立2校が定員を男女合同定員制に移行することです。

2024年度は県立千葉と同東葛

飾が、ともに男女計80人の男女合同定員制に移行します。ただ、この2校はもともと男子受検者数が多い傾向にあり、定員制変更の影響は大きくはないでしょう。

前述のとおり、未発表の学校は、例年なら東京が9月、さいたま市立、川口市立は10月ごろが詳細の発表日程です。

つぎに動向予測です。公立中高一貫校は倍率の高さから年々敬遠されて、応募者減の傾向にあることはすでに触れています。

しかし、これまで私立、公立を合わせた首都圏の中学受験動向は、経済状況が下振れしている年には中学受験生が増える傾向に動くことがわかっています。いまの日本は賃金が上がっても、それを上回る物価高にあえいでいる状況です。家計的に厳しい家庭も増えているでしょう。ただ各家庭がかける教育費の割合は変わらない、とする見方もあります。

これから大きな変革の時代を迎えるからこそ、わが子にはいい教育を施したいという思いは強いでしょう。

これから、学費の安い公立中高一貫校に、より注目が集まっていくのではないでしょうか。

春からの模擬試験状況をみると、中学受験の受験者数は、昨年はもちろん一昨年を上回る数になっています。

コロナ禍についても5類感染症への移行で、感染の怖さから敬遠していた私立志望生が、併願校とするケースがでる可能性もあります。

このようなことから公立中高一貫校受検者の減少カーブにブレーキがかかるのではないかとも思われます。

その要因は、公立中高一貫校の教育がすぐれていることが広く知られるようになったことが最も大きいでしょう。

ただ、これは入試状況が、より厳しくなるということでもあります。難化を覚悟してじゅうぶんな対策を取っていただきたいと思います。

【表3】「適性検査型入試」2023年度受験者数状況「受験者100人以上校・人数順」

No.	学校名	名称	日程	男子	女子	男女計	学校計
1	安田学園	先進特待入試第1回公立一貫校型	2月1日	213	235	448	938
		先進特待入試第3回公立一貫校型	2月2日	163	187	350	
		先進特待入試第6回公立一貫校型	2月4日	67	73	140	
2	浦和実業学園	第1回適性検査型	1月11日	201	250	451	915
		第2回適性検査型	1月19日	190	274	464	
3	宝仙学園共学部理数インター	第1回公立一貫型 特待選抜	2月1日	196	241	437	833
		第2回公立一貫型 特待選抜	2月2日	99	131	230	
		第3回公立一貫型 特待選抜	2月4日	73	93	166	
4	聖徳学園	適性検査2科型	2月1日	男女別数未公表		189	412
		適性検査共通2科型				56	
		適性検査3科型				167	
5	八王子学園八王子	東大医進クラス①適性検査型	2月1日	157	150	307	388
		東大医進クラス②適性検査型	2月2日	45	36	81	
6	郁文館	第1回適性検査型	2月1日	93	85	178	375
		第2回適性検査型	2月2日	57	57	114	
		適性検査型iP class選抜	2月5日	39	44	83	
7	千葉明徳	適性検査型	1月20日	120	123	243	243
8	聖望学園	第2回適性検査型	1月11日	109	129	238	238
9	駒込	第1回適性検査型	2月1日	125	105	230	230
10	桜丘	適性検査型(A)	2月1日	41	79	120	224
		適性検査型(A・B)	2月2日	36	68	104	
11	日本大学	適性検査型AFコース	2月1日	78	60	138	198
		適性検査型GLコース		24	36	60	
12	昭和学院	一般入試・適性検査型(特待)	1月22日	75	101	176	176
13	佼成学園女子	午前適性検査型	2月1日		91	91	160
		午後適性検査型	2月1日P		27	27	
		午前適性検査型	2月2日		32	32	
		午後適性検査型	2月4日P		10	10	
14	鶴見大学附属	適性検査	2月1日	85	61	146	146
15	トキワ松学園	適性検査型(特待・一般)	2月1日		142	142	142
16	細田学園	dots入試(適性検査型)	1月10日	64	65	129	129
17	武南	第1回適性検査型	1月10日	63	42	105	129
		第2回適性検査型	1月12日	14	10	24	
18	品川翔英	第1回適性検査型	2月1日	81	47	128	128
19	開智日本橋学園	適性検査型	2月1日	46	65	111	111

※本誌調べ　※日程のPは午後をしめす

横須賀学院中学校

"世界の隣人と共に生きる力"を育む キリスト教を土台としたグローバル教育

青山学院横須賀分校を受け継ぎ、1950年に誕生した横須賀学院中学校・高等学校。「敬神・愛人」の建学の精神に基づき、グローバルな視点で持続可能な社会を担う人を育てる教育プログラムを展開しています。

社会の問題に向きあい解決していく力

横須賀学院中学校・高等学校（以下、横須賀学院）では、英会話の力やICT活用力をしっかりと身につけ、それをディスカッションやプレゼンテーションにいかす取り組みに力を入れています。

中高全館でWi-Fiが整備されており、全員ひとり1台のタブレットを活用しています。

中1の英語では、フォニックスを取り入れ、発音する楽しさを体感できるスタートとなっています。全学年で実施している週1回25分間のオンライン英会話の時間も大変好評です。

また一貫コースでは、文章（情報）を正確に理解し、根拠をふまえて自分の意見を発信する力を養うため、図書館とのコラボプログラムにも力を入れています。国語の授業の最初に行う10分間読書も生徒たちが大好きな時間となっています。

自らの人生の幅を広げ他者とともに幸せになる力

横須賀学院では、与えられた自分の能力を磨き、それを他者のためにいかすことに喜びを持てる体験の積み重ねを大切にしています。

縦割りの体育祭やクラス対抗の合唱コンクール、木更津や沖縄での環境・平和学習、中1から始まるイングリッシュデイズやSDGsの学習、中3のシドニーホームステイ（希望制）や高2の海外異文化体験など、たくさんのプログラムに積極的に参加するなかで、自分と異なる賜物（たまもの）を持っている他者とともに生きることに喜びを味わいながら成長していく6年間を過ごします。

森上's eye!

国際感覚あふれる横須賀で多文化理解を深める教育

キリスト教を土台としたグローバル教育を、ていねいに実践している学校です。葉山インターナショナルスクールと連携して行うボランティアは、楽しみながら実践的な英語を学ぶことができるのも特徴です。

青山学院大学との教育連携協定は14年目を迎え、ますますさかんな高大連携教育が進むものと思われます。

SCHOOL DATA　横須賀学院中学校〈共学校〉

所在地 神奈川県横須賀市稲岡町82
TEL 046-828-3661
URL https://www.yokosukagakuin.ac.jp/
アクセス 京急線「横須賀中央」徒歩10分、JR横須賀線「横須賀」バス5分・「大滝町バス停」徒歩5分

学校説明会（要予約）
9月9日(土)10:00～11:30
11月11日(土) 9:00～12:00
※入試問題体験会を並行開催
12月9日(土)10:00～11:30
1月13日(土) 9:00～12:00
※入試問題体験会を並行開催

水曜ミニ説明会（要予約）
毎週水曜日　10:00～11:30
※詳細はHPでご確認ください。

オープンスクール（要予約）
8月11日(金祝)10:00～13:00

楠木祭（文化祭）
9月23日(土祝) 9:00～15:00

横浜翠陵中学校

THINK & CHALLENGE!

「明日の世界をより良くするために考えて行動のできる人」、それが横浜翠陵中学校の校訓である「考えることのできる人」の姿です。自分から進んで新しい課題に挑戦し、可能性を広げ、成功も失敗も成長の糧にして、挑戦しつづけます。

◆世界で活躍するグローバルリーダーを育てます

校訓「考えることのできる人」のもと、スクールモットー「Think&Challenge!」を掲げ、高い意志を持ち、自らの人生を自らの手で切り拓いていくチャレンジ精神旺盛な生徒の育成をめざす横浜翠陵中学校（以下、横浜翠陵）。共学化を契機に教育内容、教育環境をより充実させ、進学面でも飛躍的な伸びをしめしています。

開校以来、多彩な国際理解教育を実践し、学校にいながらさまざまな国の人々と交流できる機会がたくさん設けられています。豊富な国際交流プログラムをとおして他者を知り、多様な価値観を知り、自分自身を見つめることができます。この「国際理解教育」と「人間力の育成」を柱に、新時代に合わせた改革に積極的に取り組む横浜翠陵のグローバルリーダーの育成は、さらに進化しています。

充実した英語教育も特色のひとつです。週5時間の英語の授業のうち、2時間でネイティブ教員と日本人教員による「アクティブイングリッシュ」を実施。「聞く」「話す」を中心に、学習した英語の力を実際に活用する機会になっています。中1・中2で行う「サマーイングリッシュキャンプ」では、総勢10人以上のネイティブ講師とともに、英会話合宿を行います。英語漬けの日々を過ごすことで、「話す」「聞く」のスキルをさらに磨くことができます。そして

中学3年間で修得した英語力の実践の場として、中3では夏休みに約2週間、全員がニュージーランドで海外研修を行います。ホームステイや現地の小学生との交流は貴重な経験となっています。

共学化以降は理系教育にも力を入れています。実験・実習などの体験型プログラムで「科学的な思考力・表現力」を養います。中学生対象のサイエンスラボは、専門家の指導による本格的な実験で、食物のDNAの抽出やロボットのプログラミングなどにも挑戦しています。

また、生徒への学習フォローも手厚く行っています。勉強習慣づくり教室や成績個人面談、成績カルテの配付に、日々の学習を記録するチャレンジノートなど、担任はもちろん、学年全体、学校全体で一人ひとりを支援する体制が整っています。横浜翠陵の教育は時代の流れに合わせて、いまも確実に進化を続けています。

アクティブイングリッシュ

森上's eye!

独自の理系プロジェクトがとても魅力的な学校です

横浜翠陵は、中学から始める探究学習「翠陵グローバルプロジェクト」や独自の「DUT理論」で主体的に学ぶ姿勢を育てています。また、サイエンスラボ、筑波研究学園都市見学ツアー、土曜理系ゼミ、研究室訪問といった魅力的な理系プロジェクトで科学的な思考力・表現力を養っています。

SCHOOL DATA　横浜翠陵中学校〈共学校〉

所在地 神奈川県横浜市緑区三保町1
TEL 045-921-0301
URL https://www.suiryo.ed.jp/
アクセス JR横浜線「十日市場」徒歩20分またはバス 東急田園都市線「青葉台」・相鉄線「三ツ境」バス

オープンキャンパス
9月23日(土祝)10:00～

学校説明会&授業見学
9月9日(土)　10月14日(土)
10月28日(土)　12月16日(土)
各10:00～

適性検査型入試ミニ体験
11月18日(土)10:00～

模擬入試（2科・4科）
11月23日(木祝) 9:30～ ※5・6年生対象

模擬入試（2科・適性検査型）
1月8日(月祝) 9:30～ ※5・6年生対象

翠陵祭（文化祭）
11月4日(土)11:00～15:00(予定)
11月5日(日) 9:00～15:00(予定)
※すべて予約制です。

共立女子第二中学校

多様な生徒を温かく迎える抜群の教育環境

共立女子第二中学校高等学校では学校活性化のためにさまざまなタイプの受験生を求めており、早くから適性検査型入試を実施してきました。多様な価値観を持つ生徒たちが伸びのびと成長していける、絶好の環境がここにはあります。

豊かな自然と充実した施設

共立女子第二中学校高等学校（以下、共立女子第二）は、誠実・勤勉・友愛という校訓のもと、高い知性・教養と技能を備え、品位高く人間性豊かな女性の育成に取り組んでいます。豊かな自然に恵まれたキャンパスは桜やバラなどの花で色鮮やかに演出され、伸びのびとした教育が展開されています。広大な校地には、総合グラウンド、9面テニスコート、ゴルフ練習場、6万冊の蔵書を持つ図書館などの充実した施設が設けられており、多くのクラブがその施設で活発に活動しています。

キャンパスは八王子市の丘陵地に立地していますが、八王子駅や高尾駅から無料のスクールバスが運行されています。路線バスとは異なり、すべて学校のスケジュールに沿ったダイヤが組まれているので大変便利です。災害などの緊急時にもすぐに対応できるメリットもあります。

生徒一人ひとりに合った学び 高校では新コース制スタート！

中学では、学習習慣の定着をはかるとともに、5教科の単位数を増やすなど、基礎基本の学力を身につけることを重視しています。中学3年次は国数英の3教科にグレード制を導入。個々の学力に応じた最適な授業が受けられるよう配慮しています。一方、抜群の環境をいかした体験重視の学びに力を入れ、探究心を育てます。

高校では2022年度より従来の特別進学コースと総合進学コースに加え、3年一貫の英語コースがスタートしました。コース全員がターム留学を体験しつつ、世界的に語学教育を展開するベルリッツとタイアップした独自のカリキュラムを導入し、英検準1級レベルの英語力の養成をめざします。また、高校2年より新たに共立進学コースもスタート。共立女子大学文系学部への進学希望者を対象に、高校3年次には大学生と同じ空間で学び、入学後には単位が認定されるKWU高大連携プログラムを新たに導入し、大学付属校ならではの豊かな学びの継続が実現できます。

特色ある英語教育

共立女子第二の英語の授業は特色があり、「4技能総合型授業」および「レイヤードメソッド」と名づけられたオリジナルの指導法に基づいて行っています。さまざまな音読トレーニングに反復して取り組むことで重層的に「英語のコア」をつくり上げていきます。家庭学習においては、1対1で行うオンライン英会話レッスンを全員が受講、話す力を磨いています。

また教科書を利用してドラマをつくり上げていくドラマメソッド集中講座、ブリティッシュヒルズにおける英語研修、高校においてはニュージーランド夏期ホームステイ研修やターム留学などさまざまな研修プログラムが導入されており、英語を体験する機会にあふれています。

堅実な進学実績

共立女子第二では、大学および短期大学への進学希望者がほぼ100%に達し、そのほとんどが進学しています。進学先としては、ここ数年、外部大学と共立女子大学・短期大学への進学はほぼ同じ比率になっています。社会科学系のビジネス学部や建築・デザイン学部が新設されたこ

と、また神田一ツ橋に校舎・組織を集中したことによって、共立女子大学・短期大学の人気にも根強いものがあります。

一方、共立女子大学の推薦で合格を保持したまま、さらに外部の大学を受験できる併願型特別推薦制度を設けるなど、安心して難度の高い大学にチャレンジできる環境を整えています。2022年度の卒業生も、国公立大学や難関私立大学、理系大学など、堅調に実績を残しています。一方、女子大学の人気上昇の流れを受けて、ここ数年、共立女子大学を第1志望とする生徒も増えてきています。

◆適性検査型入試

共立女子第二では多様な個性を持つ子どもたちの受験を期待し、さまざまな形式の入試を導入しています。そのひとつが公立中高一貫校との併願を可能とする適性検査型入試です。

共立女子第二では2010年度入試より適性検査型入試を実施しているので、来年度（2024年度）入試で早くも15回目を数えることになります。この積み重ねた実績が信頼を築き、とくに八王子多摩地区の多くの受験生を集めています。

また、入試の合計得点率（適性検査Ⅰ・Ⅱの合計点に対して何点得点したか）により奨学生を選考し、入学金・授業料などを免除する給付奨学金制度も導入しています。2023年度入試からは、基準も緩和されましたので詳細は学校説明会やホームページなどでご確認ください。

最後に、入試広報部主任の戸口義也先生から受験生へメッセージをいただきました。

「本校の適性検査型入試の受験生は、やはり公立中高一貫校との併願が多いのですが、公立中高一貫校に合格しながら本校への入学を希望する合格者もいます。公立中高一貫校にはない、そして本校だけにしかない価値がまちがいなくありますので、それを見出していただければうれしいです。

また最近では、本校を第1希望としながら、2科あるいは4科の入試ではなく、適性検査型入試でチャレンジする受験生も見られます。適性検査型入試以外にも英語（4技能型）入試など、さまざまな学習環境を持った生徒が受けやすい入試環境を整えていますので、ぜひ共立女子第二中学校を志望校のひとつにご検討ください！」

森上's eye!

共立女子大学に魅力ある学部がぞくぞくと新設！

共立女子大学は、ビジネス学部につづき、今年4月、建築・デザイン学部も新設されました。都心にキャンパスが集中していて魅力的な大学です。

共立女子第二では、共立女子大学の推薦合格を保持したまま外部大学を受験できる制度があり、安心してほかの難関大学をチャレンジすることができます。

SCHOOL DATA 共立女子第二中学校〈女子校〉

所在地 東京都八王子市元八王子町1-710
TEL 042-661-9952
URL https://www.kyoritsu-wu.ac.jp/nichukou/
アクセス JR中央線・京王線「高尾」スクールバス10分(無料)、JR各線「八王子」スクールバス20分(無料)

キャンパス見学会（受験生対象）
8月24日(木)10:00～11:00

白亜祭（文化祭）
9月16日(土)・17日(日)
両日ともミニ説明会あり

学校説明会+入試問題研究会（国・算）
10月14日(土)14:00～15:30
11月18日(土)10:00～11:30

入試説明会+入試体験
12月2日(土)14:00～15:30(適性検査型)
12月17日(日)9:30～12:00(国算2科型)
1月6日(土)10:00～11:30

理科体験授業+入試相談会（小5以下対象）
1月13日(土)14:00～15:30

※すべて予約制です。詳細はHPをご覧ください。

日本大学中学校

にほんだいがく

未来を見据えた改革で新たな躍進に挑みます

日本大学の教育理念「自主創造」の3要素、「自ら学ぶ」「自ら考える」「自ら道をひらく」を体現し、生徒の夢の扉をひらく日本大学中学校。2030年の創設100周年、そして、その先の未来に向けて〝飛躍への挑戦〟をめざし、さまざまな教育プロジェクトが進行中です。

◆一人ひとりの夢の扉をひらく教育革新が進行中

日本大学中学校（以下、日大中）は、「生徒1人ひとりが、生涯にわたって学び続ける力を育み、自らの夢の扉をひらき、社会に貢献する」ことができる人材を育成することをミッションとしています。その実現のために、「常に高みをめざそう、目標を高く持とう」という思いを込めた教育スローガン「Aiming high!」を掲げた教育活動を展開し、さらに教育改革「SHINKA!プロジェクト」が進行中です。

「SHINKA!」とは日大中・高が進める教育改革プロジェクトの総称であり、さまざまな「進化・深化・新化・親化・芯化・真化・神化」を実現してほしいという願いがこめられています。このプロジェクトは、主体的・対話的で深い学びと協働する学びをより効果的に展開し、日本大学の付属校としてのポテンシャルを最大限にいかしつつ、国公立大学や難関私立大学への進学実績を着実に向上させることがねらいです。

◆「中高一貫2・1・3」システム 中3次プレコースに注目!

日大中では、2022年度より新しい教育の進化として「中高一貫2・1・3システム」がスタートしました。このシステムは、中高6年間を中1・中2の2年間、中3の1年間、高1〜高3の3年間の3段階に分け、中3の1年間を高校0学年と位置づけ、高校のプレコース化をはかるユニークなものです。

具体的には、中1・中2の2年間のコースを探究・体験学習をつうじて新たな知識を主体的に学ぶ「アカデミックフロンティア（AF）コース」とグローバル教育を重視した「グローバルリーダーズ（GL）コース」の2コース制とし、中3の1年間を高校の「特別進学コース」「総合進学コース・スーパーグローバルクラス」の各プレコースとして位置づけるものです。

「これらの改革で2つの成果を期待しています。1つは学習面です。これまでも高校で希望のコースに進むために、生徒たちは中3から熱心に勉強に取り組んでいましたが、この新システムにより、これまでより1年早い中2から高校での進路選択に向けた勉強のスイッチを入れなければなりません。この年代での1年の差は大きいので、新システムの導入により、いま以上に学力が向上することを期待しています。

2つ目は総合的人間力の向上です。高校でのコース選択を中2の段階で考えるということは、大学進学や将来のキャリアを見据えることでもあります。本校の特長ある体験活動や研修でさまざまな気づきをうながし動機づけをすることで、志を立て目標を持ってもらいたいのです。その目標がしだいに夢へと深化していき、その夢の扉を自分の力でひらいていけるような〝自立した学習者〟になってほしいと願っています」と中学校教頭の齋藤善徳先生は話します。

新システムでは、中3で選択したプレコースとは異なるコースに興味を持った場合、高1進学時にコース変更が可能です。そのため、中学時代に将来の目標を2度じっくりと考える機会があり、高校でのコース選択のミスマッチを減らすことが可能です。

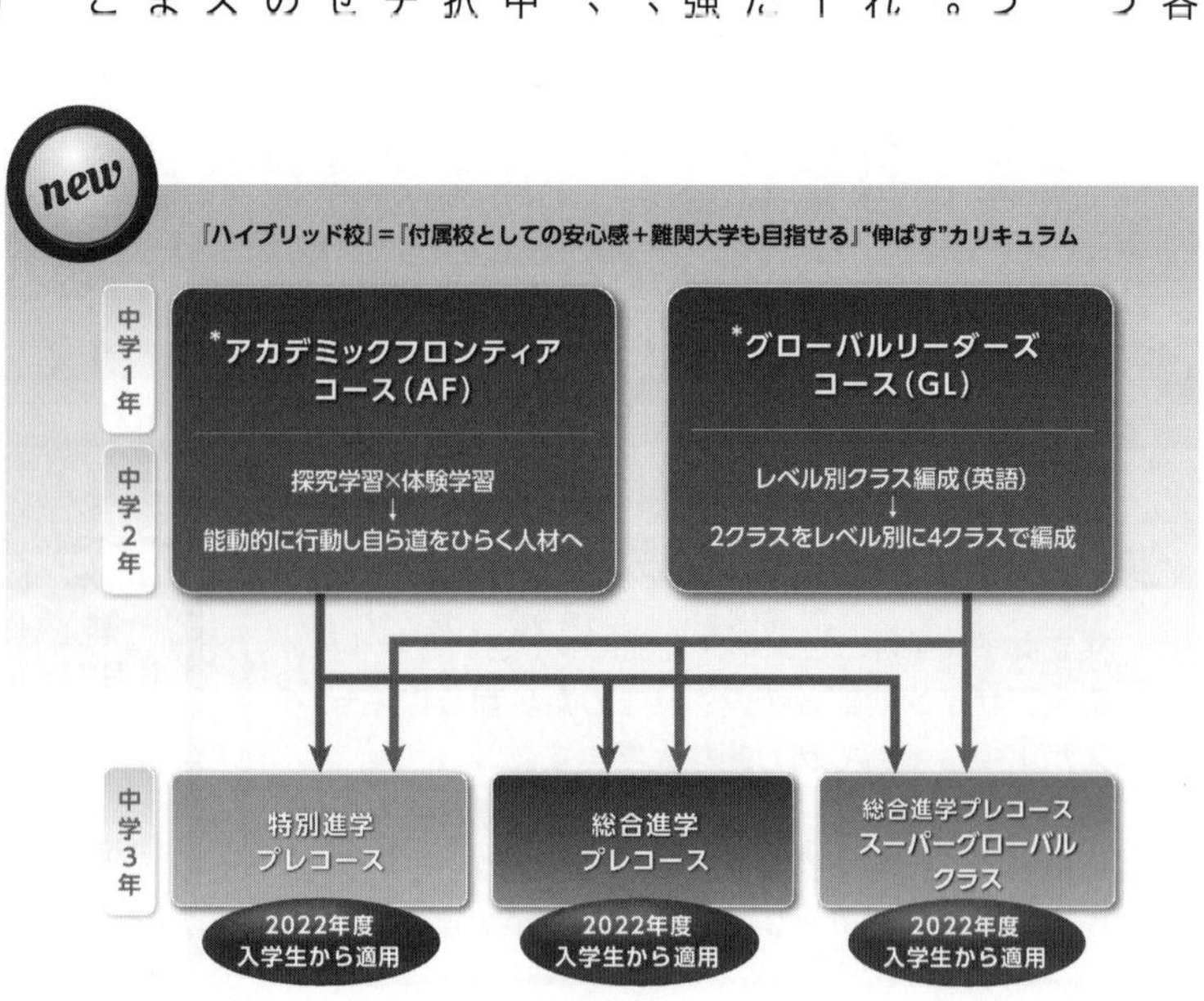

new

『ハイブリッド校』＝『付属校としての安心感＋難関大学も目指せる』"伸ばす"カリキュラム

中学1年
中学2年

＊アカデミックフロンティアコース（AF）
探究学習×体験学習
↓
能動的に行動し自ら道をひらく人材へ

＊グローバルリーダーズコース（GL）
レベル別クラス編成（英語）
↓
2クラスをレベル別に4クラスで編成

中学3年

特別進学プレコース
2022年度入学生から適用

総合進学プレコース
2022年度入学生から適用

総合進学プレコース スーパーグローバルクラス
2022年度入学生から適用

◆中1・中2が学ぶ2つのコース概要

AF・GLいずれのコースも、主体的な学びと体験型キャリア研修をとおして得られる気づきを重視していることが特長です。

AFコースは、特に〝探究学習〟を学びの中心に据え、全9教科でそ

Aiming high towards the future!

さあ、高みを目指してその先の未来へ！

教育スローガン「Aiming high!」

Aiming high!

教育改革テーマ「SHINKA!」

SHINKA!

「情熱」 「行動」 「協働」

「自己革新」 「使命」 「社会貢献」

「新化」 「親化」 「深化」

「進化」 「真化」 「芯化」

Make your dreams come true!

あなたの夢を本校で実現しましょう！


れぞれが工夫しながら実施されています。各教科で行った探究の内容は、その後、よりよい授業を展開できるように全教員が共有しており、ともに考えながら日大中独自の〝探究学習〟を創りあげていきます。

「中1は探究学習の基礎と楽しさを学び、中2以降は、社会＋英語、理科＋英語のように各教科のコラボレーションによる教科横断型の〝探究学習〟を行っていきたいと考えています」（齋藤中学校教頭先生）

GLコースは、グローバル教育を重視したコースです。英語の授業は、2クラスをレベル別に4クラスに分けて実施しています。また、新たな取り組みとして、海外とのマンツーマンのオンライン英会話授業など、それぞれの学力にあったきめ細かな指導を徹底しています。コロナ渦で3年間中止していた海外研修も、今年度より順次再開することが決まっており、中2はシンガポール研修、中3はオーストラリア研修が実施されます。そのほかにも、国内研修ではTGG（TOKYO GLOBAL GETEWAY）やブリティッシュヒルズでの語学研修を実施します。

「中3になる前にプレコースの選択をしなければいけないので、キャリア教育型の体験学習もスタートさせます。『なぜ・どうして?』という知的好奇心を持って、『どうする・どのような方法で?』という主体的・積極的に学ぶ姿勢を育んでいきます」（齋藤中学校教頭先生）

◆ハイブリッド校として さらなる高みをめざす！

日大中は、日本最大の総合大学である日本大学の付属校としての安定感と国公立大学や難関私立大学をめざせる進学校としての両面を持つハイブリッド校です。2022年度卒業生では、日本大学への進学者は約半数の50・9%。東京工業大学、東京農工大学、横浜国立大学、横浜市立大学などの国公立大学および早慶上理、GMARCHに43・1%が合格するなど、日大中のコース別教育が注目すべき結果を残しています。今後は「中高一貫2・1・3システム」の導入により、さらなる高みをめざした進路実現をめざします。

「中学受験を経験した生徒は、その受験勉強に取り組んだことが必ず将来の糧になります。本校は生徒一人ひとりの第1志望合格という夢と、将来の幸せな人生の実現のために、生徒に寄り添い、全力でサポートしていきます。

そして、『不易流行』の精神で、つねに新しい学びの進化をめざし、創設100周年に向け、これからも大きな目標を持って新しい改革にチャレンジしていきます」（齋藤中学校教頭先生）

スクール・ポリシーを明確にした教育を展開し、自立した学習者として夢の扉を自力でひらいていける生徒を育む日大中。さらなる高みをめざして教育改革「SHINKA!」を継続中です。

森上's eye!

「中高一貫2-1-3システム」でハイブリッド校化を促進

大学付属校ならではのおおらかな校風を持ちつつ、国公立大学や難関私立大学への進学もめざせる進学校として人気の高い学校です。

「中高一貫2-1-3システム」は、早い段階で将来の目標設定が可能になり、学力的にも人間的にも大きく成長できる新たな取り組みとして注目です。

SCHOOL DATA

日本大学中学校〈共学校〉

所在地 神奈川県横浜市港北区箕輪町2-9-1
TEL 045-560-2600
URL https://www.yokohama.hs.nihon-u.ac.jp/junior/
アクセス 東急東横線・目黒線・新横浜線・横浜市営地下鉄グリーンライン「日吉」徒歩12分

学校説明会
10月21日(土)
11月11日(土)
11月25日(土)

桜苑祭（文化祭）
9月16日(土)
9月17日(日)

学校見学会
Webサイトからの事前の申し込みが必要です。
※説明会実施時期の感染状況により、実施方法はオンラインでの開催を含めまして変更になる場合もございます。詳細は同校ホームページにてご確認ください。

首都圏公立中高一貫校 入試日程一覧〈7/12 現在、本誌調べ〉

2024年度

東京都

□の部分は未発表(7/12現在)のため昨年度の内容になります。

学校名	募集区分	募集人員	願書受付		検査日	発表日	手続期限	検査等の方法
			開始日	終了日				
都立桜修館中等教育学校	一般	男女各80	1/12	1/18	2/3	2/9	2/13	適性検査Ⅰ・Ⅱ
都立大泉高等学校附属中学校	一般	男女各80	1/12	1/18	2/3	2/9	2/13	適性検査Ⅰ・Ⅱ・Ⅲ
千代田区立九段中等教育学校	区分A※1	80	1/18	1/19	2/3	2/9	2/10	適性検査1・2・3
	区分B※2	80	1/11	1/17	2/3	2/9	2/10	適性検査1・2・3
都立小石川中等教育学校	特別※3	男女各80(含特別5以内)	1/12	1/18	2/1	2/2	2/2	面接・作文
	一般		1/12	1/18	2/3	2/9	2/13	適性検査Ⅰ・Ⅱ・Ⅲ
都立立川国際中等教育学校	海外帰国・在京外国人	30	1/8	1/9	1/25	1/31	1/31	面接・作文
	一般	男女各65	1/12	1/18	2/3	2/9	2/13	適性検査Ⅰ・Ⅱ
都立白鷗高等学校附属中学校	海外帰国・在京外国人	30	1/8	1/9	1/25	1/31	1/31	面接・作文
	特別※4	男女各85(含特別6以内)	1/12	1/18	2/1	2/2	2/2	面接(囲碁・将棋は実技検査あり)
	一般		1/12	1/18	2/3	2/9	2/13	適性検査Ⅰ・Ⅱ・Ⅲ
都立富士高等学校附属中学校	一般	男女各80	1/12	1/18	2/3	2/9	2/13	適性検査Ⅰ・Ⅱ・Ⅲ
都立三鷹中等教育学校	一般	男女各80	1/12	1/18	2/3	2/9	2/13	適性検査Ⅰ・Ⅱ
都立南多摩中等教育学校	一般	男女各80	1/12	1/18	2/3	2/9	2/13	適性検査Ⅰ・Ⅱ
都立武蔵高等学校附属中学校	一般	男女各80	1/12	1/18	2/3	2/9	2/13	適性検査Ⅰ・Ⅱ・Ⅲ
都立両国高等学校附属中学校	一般	男女各80	1/12	1/18	2/3	2/9	2/13	適性検査Ⅰ・Ⅱ・Ⅲ

※1 千代田区民 ※2 千代田区民以外の都民 ※3 自然科学(全国科学コンクール個人の部で上位入賞した者) ※4 日本の伝統文化(囲碁・将棋、邦楽、邦舞・演劇)

神奈川県

※募集区分はすべて一般枠

学校名	募集人員	願書受付		検査日	発表日	手続期限	検査等の方法
		開始日	終了日				
県立相模原中等教育学校	160	1/9	1/11	2/3	2/10	2/13	適性検査Ⅰ・Ⅱ(マークシート方式)
県立平塚中等教育学校	160	1/9	1/11	2/3	2/10	2/13	
横浜市立南高等学校附属中学校	160	1/4	1/9	2/3	2/10	2/11	適性検査Ⅰ・Ⅱ
横浜市立横浜サイエンスフロンティア高等学校附属中学校	80	1/4	1/9	2/3	2/10	2/11	適性検査Ⅰ・Ⅱ
川崎市立川崎高等学校附属中学校	120	1/9	1/11	2/3	2/10	2/11	適性検査Ⅰ・Ⅱ

千葉県

※募集区分はすべて一般枠

学校名	募集人員	願書受付		検査日	発表日	手続期限	検査等の方法
		開始日	終了日				
県立千葉中学校	80	願書等11/20 報告書・志願理由書等1/10	願書等11/22 報告書・志願理由書等1/11	一次検査12/9 二次検査1/24	一次検査12/20 二次検査1/31	2/1	一次 適性検査 二次 適性検査・面接等
県立東葛飾中学校	80	願書等11/20 報告書・志願理由書等1/10	願書等11/22 報告書・志願理由書等1/11	一次検査12/9 二次検査1/24	一次検査12/20 二次検査1/31	2/1	一次 適性検査 二次 適性検査・面接等
千葉市立稲毛国際中等教育学校	160	願書等11/9 報告書・志願理由書等1/9	願書等11/13 報告書・志願理由書等1/11	一次検査12/9 二次検査1/24	一次検査12/15 二次検査2/1	2/5	一次 適性検査Ⅰ・Ⅱ 二次 適性検査Ⅲ・面接

埼玉県

■の部分は未発表(7/12現在)のため昨年度の内容になります。かならず各校HPでご確認ください。

学校名	募集区分	募集人員	願書受付		検査日	発表日	手続期限	検査等の方法
			開始日	終了日				
県立伊奈学園中学校	一般	80	12/22	12/26	第一次選考1/13 第二次選考1/20	第一次選考1/18 第二次選考1/25	2/6	第一次　作文Ⅰ・Ⅱ 第2次　面接
さいたま市立浦和中学校（予定）	一般	男女各40	12/26	12/30	第1次選抜1/13 第2次選抜1/20	第1次選抜1/17 第2次選抜1/24	2/3	第1次　適性検査Ⅰ・Ⅱ 第2次　適性検査Ⅲ・面接
さいたま市立大宮国際中等教育学校（予定）	一般	男女各80（含特別1割程度）	12/26	12/30	第1次選抜1/14 第2次選抜1/20	第1次選抜1/17 第2次選抜1/24	2/3	第1次　適性検査A・B 第2次　適性検査C・集団活動
	特別		12/26	12/30	第1次選抜1/14 第2次選抜1/20	第1次選抜1/17 第2次選抜1/24	2/3	第1次　適性検査D・集団面接 第2次　適性検査E・集団活動
川口市立高等学校附属中学校	一般	男女各40	12/1	12/14	第1次選考1/13 第2次選考1/20	第1次選考1/18 第2次選考1/25	2/6	第1次　適性検査Ⅰ・Ⅱ 第2次　適性検査Ⅲ・集団面接

千葉県立2校や九段も「男女合同定員制」へ

東京 神奈川 インターネット出願後 郵送も必要

中学入試では各都県、各学校の入試要項がはっきりと決まるのは秋口になります。ここでは本誌締め切りの7月12日までに発表された内容に沿って、2024年度入試で変更される点を中心にお届けします。ただ、このあとも発表内容の変更や追加もありますので、今後も各都県教育委員会や志望校のホームページの定期的なチェックをおこたらないようにしましょう。

千葉　県立千葉と県立東葛飾 男女合同定員制に移行

千葉県教育委員会は県立中学校入学者募集要項で、2024年度の募集定員は県立千葉と同東葛飾それぞれ各80人と発表しました。昨年度までは男女各40人とされていましたから、男女合同定員制に変更したということです。このことは14ページからの2024年度入試予測の記事でも触れています。

さらに「一次検査の合格者（二次検査受検候補者）の人数は、それぞれ募集定員の4倍程度とする」とあります。この「それぞれ」は県立千葉、同東葛飾両校のことをさしており「男女それぞれ」のことではありません。男女関係なく成績順に定員80人の4倍、320人程度を一次検査の合格者とする、ということです。

千葉には男女合同定員制の先輩、市立稲毛国際がありますが、こちらでは昨年度、女子が合格者の6割以上を占めています（17ページ参照）。

東京　インターネットで出願 特定記録郵便も活用

東京都教育委員会は、2024年度入試のおもな変更点として、特別枠および一般枠募集における出願受付を、昨年度の特定記録郵便による受付からインターネットを活用した出願受付に変更する、としました。

受検生はインターネット出願を行ったうえで、出願に要するそのほかの書類は特定記録郵便で各校宛に郵送します。このためインターネット出願の入力期間は2023年12月21日から2024年1月18日。志望校への書類提出期間は1月12日から18日と、2本立てで設けられます。

また千代田区立九段の男女別合同定員制への移行も発表されています。

神奈川　ウェブサイトで出願後 書類を簡易書留で郵送

神奈川県教育委員会は、同県立の中等教育学校である相模原と平塚について、2024年度の入試制度の概要や具体的な手続きを周知するため、「実施要領」を作成。ウェブサイトに掲載しました。

出願について、指定されたウェブサイト上で2023年12月25日～2024年1月5日の間に志願手続きを行い、さらに同1月9日～11日の期間内に、入学願書その他必要な書類を簡易書留で志望校に郵送することになりました。

東京都立 桜修館(おうしゅうかん)中等教育学校

■中等教育学校
■2006年開校

「真理の探究」をキーワードに 生徒の主体性を尊重した教育を展開

大学附属校という歴史を持つ東京都立桜修館中等教育学校は、その伝統を受け継ぎ、大学や社会で必要となるさまざまな力を育てています。生徒の主体性を大切にした校風が特徴です。

石崎(いしざき)　規生(のりお)
校長先生

学校プロフィール

開　校	2006年4月
所在地	東京都目黒区八雲1-1-2
T E L	03-3723-9966
U R L	https://www.metro.ed.jp/oshukan-s/
アクセス	東急東横線「都立大学」徒歩10分
生徒数	前期課程 男子232名、女子249名 後期課程 男子209名、女子249名
1期生	2012年3月卒業
高校募集	なし
教育課程	2学期制／週5日制（土曜授業を年間18回実施）／50分授業
入学情報（前年度）	・募集人員　男子80名、女子80名 計160名 ・選抜方法　報告書、適性検査Ⅰ・Ⅱ

生徒たちの思いが学校を動かす

Q 校訓「真理の探究」や御校の校風についてご紹介ください。

【石崎先生】「真理の探究」は、本校の母体校である東京都立大学附属高等学校（2010年度で閉校）が掲げていた目標のひとつです。

その伝統を校訓として受け継ぎ、さらに「真理の探究」をキーワードに「高い知性」「広い視野」「強い意志」を持った人材の育成をめざしています。

また、東京都立大学附属高等学校のもうひとつの目標「自由と自治」も文化として根づいています。自治会（他校でいう生徒会）をはじめとして、学校生活のあらゆる場面で生徒が主体的に活動しています。

Q 行事なども生徒さんが企画・運営されているのでしょうか。

【石崎先生】そうですね。5月のクラスマッチをはじめ、9月の記念祭（文化祭）の準備も生徒主体で進めています。記念祭では、各参加団体がどの部屋を使うのかとい

東京都立　桜修館中等教育学校

ったことから、生徒たちで話しあって決めています。

コロナ禍の影響もありましたが「いまだからこそできること」を合言葉に、前向きにさまざまな工夫を凝らして行事の開催を実現しました。

もちろんまだ中高生ですから、うまくいかないこともあります。しかし、実際にやりながらうまくいく方法を見つけていけばいいと思っています。

生徒たちは「こうしたい」という意思をしっかりと持っているので、教員はその気持ちを尊重し見守っています。

前期課程の間は、後期課程の先輩たちの姿を見て、企画や運営の方法を学びます。そして、自分たちが中心となるときの準備をしながら、そのときを楽しみに待っているようです。

異なる文化を持つ人とも協働できる力を育成

Q 今後力を入れていきたいプログラムなどはありますか。

【石崎先生】 本校の教育の柱である国際理解教育と理数教育のふたつをさらに強化していきたいと考えています。

国際理解教育の目標は、将来国際社会で活躍できるリーダーの育成です。その目標を実現するために、多彩なプログラムを用意しています。

5年生は、台湾へ修学旅行に行く予定で、希望者には海外語学研修（オーストラリア、3・4年生）、リーダーシップ育成アメリカ研修（4・5年生）も予定しています。実際に海外を訪れて現地の学生と交流すると、その学習意欲の高さに刺激を受け、生徒の意識が変わるため、よい経験になります。さらに、アメリカの大学とオンライン交流を行うなど、新たな取り組みを始めました。

また、4、5年生の選択科目として、第二外国語を設置しているのも大きな特色です。週に2時間、フランス語、ドイツ語、中国語、ハングル、スペイン語の講座を開いています。4年生は初級、5年生は中級とレベルアップできるので、2年間継続して受講する生徒も多くいます。

こうしたさまざまなプログラムを用意していますが、これらで育てたいのは、語学力だけではあり

PICK UP!

1 論理的な思考力を育成する 開校以来の学校設定科目

開校当初から行われている「国語で論理を学ぶⅠ～Ⅲ」と「数学で論理を学ぶⅠ～Ⅲ」は、論理的に考える姿勢を育む取り組みです。

「国語で論理を学ぶ」では、Ⅰで相手の話を正確に聞き取ることを意識した問答ゲームなどの言語技術教育を取り入れ、Ⅱで相手にとってわかりやすく説得性のある意見の述べ方や表現の仕方を学びます。Ⅲになると、それまで学習したことをさらに高めるために、さまざまな種類の文章を論理的に読解し、自分の考えを論理的に表現することを学習するとともに、ディベートにも取り組みます。ディベートのテーマは「日本の公立中学校に制服は必要ではない　是か否か」「日本の公立中学校にチャイムは必要ではない　是か否か」といったものがあります。

なお、ディベートは後期課程の授業でも取り入れられており、後期課程ではSDGs（持続可能な開発目標）にまつわるテーマなどをあつかいます。

「数学で論理を学ぶ」では、Ⅰで日常生活にある身近な題材を課題として文字、グラフ、図形を使って論理的な思考力を養い、Ⅱで図形の定理や公式を演繹(えんえき)的に証明し、発展的な図形の問題をさまざまな方法で論理的に考えて解く授業を展開します。Ⅲでは統計的な見方をふまえ課題学習を中心に、数学的な見方や考え方を育成しています。

「数学で論理を学ぶ」も後期課程の学びにつながるものです。たとえば統計をテーマに偏差値とはなにかを考え、そこで得た知識が後期課程で統計について学ぶ際にいかされるといったかたちです。

ません。コミュニケーション力や異文化を理解し多様性を受け入れる力を伸ばしていくことをめざしています。

たとえば生徒が社会にでたときに、海外の人たちと協働してものごとに取り組む場面が多くあると思います。その場面で異なる文化を持つ人たちとも協働できる力を育成したいと考えているのです。

教養や探究力を養う 特色ある取り組み

Q 理数教育についてもお話しください。

【石崎先生】 理数教育に力を入れており、東京都教育委員会により理数研究校※に指定されています。生徒の約半数が理系の学部へ進学します。

理科や数学では、前期課程から発展的な内容の授業を展開しています。また、特色ある科目として1～3年生で設置している学校設定科目「数学で論理を学ぶⅠ～Ⅲ」では、統計的な見方、考え方を学びます。

Q そのほかにも、御校独自の取り組みがありましたらお教えください。

【石崎先生】「数学で論理を学ぶ」と同様に1～3年生の学校設定科目として隔週で交互に実施しているのが「国語で論理を学ぶⅠ～Ⅲ」です。根拠に基づいて論理的にものごとを考え、説明する力は、社会にでてからも必要となりますから、どちらの科目でも、そうした力を育てています。

第二外国語や「数学で論理を学ぶ」「国語で論理を学ぶ」といった独自の科目を設置できるのも、6年間という長いスパンで余裕を持ってカリキュラムを組める中等教育学校ならではの魅力だと感じています。生徒のこれからの人生で役立つ素養を身につけられるような教育を引きつづき行っていきます。

5年生では、探究的な学びの総仕上げとして、5000字の論文に取り組んでいます。これも「真理の探究」を校訓とする本校ならではでしょう。なかには、外部のコンテストに論文を提出し、高い評価を得ている生徒もいます。6年生では、卒業論文の概要を英語でまとめます。

さらに、本校にはチューター制度があり、卒業生がチューターと

※　理数に興味関心を持つ生徒の裾野を拡大し、すぐれた資質・能力を持つ生徒の発掘とその才能を伸ばす都立高校を指定

例年のおもな学校行事

4月	入学式　移動教室（1年）
5月	クラスマッチ　進路説明会（6年） 理科実習（4年） フィールドワーク（2・3・5年）
6月	
7月	三者面談
8月	オーストラリア語学研修（3・4年、希望者）
9月	記念祭（文化祭）
10月	職場体験（2年）　卒業生講話（5年） 大学体験（5年）
11月	台湾修学旅行（5年）
12月	研修旅行（3年）　學フォーラム（4年） 美博めぐり（1年）
1月	スキー教室（2年）
2月	マラソン大会（1～4年） 合唱コンクール
3月	卒業式 リーダーシップ育成アメリカ研修（4・5年、希望者）

して在校生の勉強をサポートしてくれています。「自分が先輩にしてもらったことを、今度は自分が後輩にしてあげたい」という思いを持って、卒業前からチューターになることを希望する生徒もいます。こうした先輩、後輩のつながりがあるのも本校の文化のひとつだと思います。

積極的に行動する 学校生活を送ってほしい

Q 生徒さんにはどのような姿勢で学校生活にのぞんでほしいとお考えですか。

【石崎先生】 どんなことにも挑戦するというアクティブな姿勢で学校生活を送りましょう。興味を持てることが見つかったら、自ら調べるなど、どんどん行動を起こしてください。

勉強とは、だれかに言われてやるものではなく、自分で主体的に取り組まなければならないものだということに気づいてほしいですね。

まずは学校に通うのが楽しいと感じることがいちばんですから、勉強、行事、部活動と、なにごとにおいても生徒の意志を尊重することを、われわれ教職員はいつも意識しています。

Q 御校は部活動もさかんなのでしょうか。

【石崎先生】 前期課程では9割、後期課程では8割の生徒がいずれかの部に加入しています。弓道部や日本文化部・カルタ班、吹奏楽部などは、全国レベルで活躍しています。

なかには、体格差や活動場所の関係で前期課程・後期課程別々の部もありますが、文化部などはいっしょに活動している部も多いですから、そこでも先輩、後輩の交流が生まれています。

Q 御校を志望する受検生にメッセージをお願いします。

【石崎先生】 本校で行っている多彩なプログラムをとおしてさまざまな経験を積むなかで、みなさんが将来やりたいと思うことがきっと見つかると思います。

そして、6年間同じ仲間と過ごせる中等教育学校という環境をいかして、本校で一生つきあえる友人をつくってください。そんな友人がひとりでも見つかれば、それはみなさんのいちばんの財産になるのではないでしょうか。

東京
神奈川
千葉
埼玉

東京都立 大泉高等学校附属中学校

■併設型
■2010年開校

自主・自律・創造の精神を育み国際社会のリーダーをめざす

東京都立大泉高等学校を設置母体として誕生した東京都立大泉高等学校附属中学校。「探究の大泉」をスローガンに行われる探究活動で、自ら学び、新しい価値を創造する力を育みます。

俵田　浩一（たわら だ こういち）
校長先生

学校プロフィール

開　　校	2010年4月
所 在 地	東京都練馬区東大泉5-3-1
T E L	03-3924-0318
U R L	http://www.oizumi-h.metro.tokyo.jp/
アクセス	西武池袋線「大泉学園」徒歩10分
生 徒 数	男子207人、女子228人
1 期 生	2016年3月高校卒業
高校募集	なし
教育課程	3学期制／週5日制（土曜授業、土曜講座あり）／50分授業
入学情報（前年度）	・募集人員　男子80名、女子80名 計160名
	・選抜方法　報告書、適性検査Ⅰ・Ⅱ・Ⅲ

リーダーとしての資質と行動力を育む

Q 御校の沿革と教育方針についてお教えください。

【俵田先生】 本校は、東京都立大泉高等学校（以下、大泉高）を母体校に2010年に併設型中高一貫教育校として開校しました。母体校である大泉高は、1941年に東京府立第二十中学校として設立されたのち、1948年に現校名へと改称され、今年で創立83年の伝統を誇る学校として歴史を刻んできました。本校のスクールミッションはつぎのとおりです。『自主・自律・創造』を教育目標に、6年間の系統性とゆとりある中高一貫教育の中で、物事の真理を深く考え、筋道を立て明らかにする探究活動等を通して、夢の発見と実現に向けたきめ細やかな教育の実践により、国際社会で活躍する多様な人間力を育成します。」

探究活動と国際理解教育を柱に、6年間の一貫した教育を行うことで、社会のさまざまな場面において、周囲の信頼を得てリーダーと

なり得る人材の育成をめざしています。

さらには、2022年度に大泉高が東京都教育委員会からグローバル人材の育成のための先進的な取り組みを行う学校としてGlobal[※1] Education Network 20「学問・探究グループ」の指定を受けたことで、いっそう充実した教育活動を推進していきます。

中高6年間で培う 自ら学び自ら考える力

Q 御校はどのような教育システムで学習に取り組んでいますか。

【俵田先生】 2022年度から高校募集を停止し完全中高一貫校となったことを受け、昨年度入学生から1学年4クラス、1クラス40名で授業を行っています。3学期制の50分授業で、月曜日から金曜日まで毎日6時限を基本としています。また、年20回程度土曜授業があります。

まず、「授業」では、6年間一貫したカリキュラムを編成しています。将来、さまざまな分野に進めるように設定されているカリキュラムで、文系・理系の両方に対応する幅広い教育をめざしています。

中学校のうちに高校で学習する内容の一部を発展的に学んだり、学習指導要領にしめされた標準時数よりも週に1時間授業を増やして、中Ⅰ[※2]で理科、中Ⅱで数学、中Ⅲで国語を多く学ぶなど、確かな学力を身につけさせます。数学や英語においては、1クラスを2分割した少人数授業を取り入れ、きめ細かな指導を行っています。

中高一貫教育の特色を最大限にいかし、高校レベルの学習を中学校の段階から積極的に取り入れているのも特徴のひとつです。昨年度より完全中高一貫校となったことから、各教科とも新しいカリキュラムを実施しています。さらに自学自習をうながす独自カリキュラム「T-R（ティーチャー・イン・レディネス）」や放課後のサポートにおいて教員や卒業生が指導にあたることで、自ら学ぶ、自ら考える力を養成します。

このような学習システムを柱として、各教科において高いレベルの学力をつけていきます。

探究活動に加えて 国際理解教育にも注力

Q 御校で行われている特色ある授

※1　「GE-NET20」と略される。東京都のグローバル人材育成に関する取り組みの充実をはかるため、先進的な取り組みを推進する都立20校を2022年度から指定

※2　大泉中高では学年呼称を中学校ではⅠ年、Ⅱ年、Ⅲ年とローマ数字で、高校では1年、2年、3年とアラビア数字で表しています。

PICK UP!

1 ユニークな探究活動が魅力 ICTの活用も積極的に

年20回程度実施される土曜授業は、さまざまなかたちで展開されています。教科学習や行事の事前・事後学習のほか、探究活動の柱となる「課題発掘セミナー」などがタイムリーに行われています。また、探究活動の発表の場となるポスターセッションの準備や演劇といった表現力を培う活動など、探究活動に必要な基礎能力を養う機会としています。

探究活動は昨年度入学生から学年が上がるごとに、地域、日本、世界と視野を広げていく新たな取り組みをスタートさせました。とくに中1の地域探究では地元・練馬区を舞台にした大泉ならではの取り組みが行われています。具体例をご紹介すると、それぞれの生徒が興味関心を抱く対象と練馬区をかけあわせて（練馬×食料サンプル、練馬×ゆるキャラ、練馬×防災など）調べ学習を行い、スライドにまとめる「練馬調べ」。練馬区が抱える課題を探り、解決策を提案する「練馬ミライ創造」。練馬区の未来について学年全員で議論を重ねる「練馬会議」などがあります。

こうした探究活動をはじめ、さまざまな教科学習においてICT機器を活用しているのも大泉の特色です。たとえば中1の国語では班ごとに日常生活のなかから課題を発見し、MicrosoftのFormsというアプリでアンケートを実施します。結果は分析してグラフにまとめ、それをもとに資料を作成して、全体に向けてプレゼンテーションを行います。そのほか、数学や英語、家庭科などでも、ICT機器を活用した授業が展開されています。昨年度は探究活動の総まとめとして、中Ⅰから高2の生徒が学年を越えて一堂に会する「Oizumi Award 2022」を開催しました。

業についてお教えください。

【俵田先生】本校は「探究の大泉」をスローガンに探究活動を推進してきましたが、2017年度より東京都から「知的探究イノベーター推進校」に指定され、2018年度には高等学校において「探究と創造（通称QC）」という授業が始まったことを受け、中学校からの探究プログラムを構築しています。現在は、「大泉ソーシャル・イノベーション・プログラム」として、宿泊行事と連携させながら社会問題と向きあうプログラムを実施しています。

中学校での探究活動は、さまざまな取り組みがありますが、その核のひとつが「課題発掘セミナー」です。これは、いろいろな分野の専門家を講師に招き、専門領域の話を聞くことで生徒の関心を広げたり深めたりします。

さらに、この体験をつうじて情報収集力、問いを立てる力、論理的思考力、データを分析する力を養成します。

また、中Ⅰは「地域探究」として練馬区役所にご協力いただいて行う「練馬探究」、中Ⅱ・中Ⅲは「マイプロジェクト」として社会課題などについて統計分析のデータをふまえた探究活動を経験します。

これらの活動を経て、授業だけでなく学校行事などでもリサーチクエスチョン・調査分析・プレゼンテーションといった探究活動を実施しています。

国際理解教育に関しては、英語4技能テスト「GTEC」と英検に向けた取り組みや、ニュージーランドの姉妹校との交流、中1のブリティッシュヒルズ英語研修（2泊3日）、中3のTOKYO GLOBAL GATEWAY（TGG）研修とオンライン英会話などのプログラムを行っています。

恵まれた教育環境のなか 伝統が引き継がれていく

Q キャリア教育や進学指導に、6年間の中高一貫教育はどのようにいかされていますか。

【俵田先生】本校では6年一貫教育の利点を最大にいかし、「創造力の三観点（思考力・判断力・表現力）」に基づく育成プロセスをキャリア教育や進学指導にも組み入れています。

まずその源泉となるものは、多様な経験ができる附属中学校のプ

例年のおもな学校行事

4月	入学式　対面式　新入生歓迎会 課題発掘セミナー(中2) 社会課題スタディツアー(中3)
5月	体育祭　生徒総会
6月	課題発掘セミナー(中1)
7月	夏季講座　クラスマッチ 探究遠足(中1)　職場体験(中2)
8月	夏季講座　海外語学研修(中3)
9月	文化祭
10月	開校記念日　職業講話(中1)
11月	英語研修(中1)　研修旅行(中2) 修学旅行(中3)
12月	クラスマッチ スピーチコンテスト(日本語、英語) 芸術鑑賞教室
1月	Oizumi Award
2月	合唱コンクール　百人一首大会
3月	クラスマッチ　卒業式 TGG(中2)

ログラムによる力にほかなりません。これに、「学びに向かう力と志」「知識・技能」が土台となって、高校におけるキャリア教育や進学指導をより充実したものにしていきます。

高校ではまず高1〜高2の「コア・プログラム」において教科学習のほかゼミ活動・外部との連携リテラシーの向上などをつうじて、個から集団、集団から個への活動サイクルを経験し力をつけていきます。

その後、高3の「アドバンスド・プログラム」で、多様な活動を主体的に活用する取り組みを行います。

このような活動によって自ら学び、新しい価値を創造する力を育み、難関大学への志向を高めるほか、社会人・国際人としての貢献を期しています。

Q 御校をめざすみなさんへメッセージをお願いします。

【俵田先生】 本校は都内屈指の敷地を有し、人工芝のグラウンド、空調完備の広いアリーナ、6面ものテニスコート、400名収容可能な視聴覚ホールと食堂、天文ドームなど、恵まれた教育環境のなかで、新しい歴史が積みあげられています。

附属中学校になってからの卒業生も、TIRの支援など、学校運営にも貢献してくれている人がたくさんいます。卒業生が新しい大泉をつくりあげていく原動力になっているといえると思います。

また、大泉の伝統ともいえる部活動も非常に活発です。高校で2019年度全国大会に出場した合唱部のほか、過去に全国大会や関東大会に出場した実績をもつソフトテニス部や女子バスケットボール部、長い伝統を有する吹奏楽部など、中高がいっしょに活動している部も多く、中高一貫校でしかできない縦のつながりが生みだされ、伝統が引き継がれています。

そして、昨年度から高校の募集が停止となり、完全中高一貫化が始まりました。新しい6年間のカリキュラムと大泉ソーシャル・イノベーション・プログラムの実施により、一段と充実した教育を提供します。

大泉をめざすみなさん、みなさんの可能性を本校で伸ばしてみませんか? 志の高いみなさんのご入学を心からお待ちしています。

東京 神奈川 千葉 埼玉

千代田区立

九段中等教育学校

■中等教育学校
■2006年開校

次世代リーダーとして千代田区から世界へ未来志向の責任ある人材を育成

将来の日本を担う真のグローバルリーダーの育成をめざす千代田区立九段中等教育学校。文理融合のリベラルアーツを基本に、千代田区の教育財産をいかしたさまざまな教育プログラムが実施されています。

野村 公郎 校長先生

学校プロフィール

開校	2006年4月
所在地	東京都千代田区九段北2-2-1
TEL	03-3263-7190
URL	http://www.kudan.ed.jp/
アクセス	地下鉄東西線・半蔵門線・都営新宿線「九段下」徒歩3分、JR総武線・地下鉄東西線・有楽町線・南北線・都営大江戸線「飯田橋」徒歩10分
生徒数	前期課程 男子238名、女子235名 後期課程 男子221名、女子222名
1期生	2012年3月卒業
高校募集	なし
教育課程	2学期制／週6日制／50分授業
入学情報	・募集人員 (千代田区民)80名 (千代田区民以外の都民)80名
	・選抜方法※前年度 報告書、適性検査(1、2、3)

政治・経済・文化の中心 千代田区の中高一貫校

Q 御校設立の目標についてお聞かせください。

【野村先生】 千代田区立九段中等教育学校は、2006年に千代田区立九段中学校と東京都立九段高等学校の伝統を引き継いで開校された中高一貫校です。

東京都千代田区は、日本の政治・経済・文化の中心に位置しており、また、数々の教育財産を有しています。本校は、こうした恵まれた教育環境を活用し、未来の人材育成の一翼を担いたいという目標のもとに設立されました。

Q どのような生徒さんを育てていきたいとお考えでしょうか。

【野村先生】 本校の教育目標は「豊かな心 知の創造 未来貢献」です。そして千代田区として次世代のグローバルリーダーを育成するという目標がありますので、生徒には世界的規模でものごとをとらえてほしいと考えています。これからの22世紀を生きていくわけですから、未来に貢献できる、未来志向

の責任ある人材を育てていこうと思います。いろいろなことが速く変化している時代なので、それに振り回されることなく、しっかりと未来を見据えて生きていってほしいです。

生徒には「挑戦」という話をよくしています。失敗を恐れるのではなく、挑戦しないことを恐れないといけないと。果敢に挑戦し失敗したとしても、それは「グッドトライ」なんです。失敗すれば成功の道筋が少しずつ見えてくるので、自分が将来やりたいことを見つけるには失敗することも必要なことだと思います。

また、4月の始業式では「自主性から主体性へ」という話をしました。前期課程は決められた枠のなかで自主性を持っていろいろなことに取り組んでいけばいいのですが、後期課程では、その枠から飛びだして主体的にいろいろなことに挑戦してほしいのです。生徒たちは、二兎も三兎も追わなければいけないので、それをひとりでやるのではなく、仲間を巻きこんで挑戦すればいいのです。それも大事な力なのだと思います。

今後も本校のグランドデザインに沿って、「学ぶ（体験を重視し、本物から学ぶ、6年間の学び）」、「生きる（社会に出て活躍するための力を身に付ける）」、「鍛える（心身を鍛え、人を思いやる豊かな心へ）」の3つの柱で次世代のグローバルリーダーを育てていきます。

Q 今年度の新たな取り組みを教えてください。

【野村先生】 真のグローバルリーダーになるために最先端教育プログラム担当分掌として「CNV（To create a new value）室」を新たに設置しました。CNV室では国際社会で活躍されている外部有識者からの指導・助言をいただく委員会を立ちあげ、1年をかけて「STEAM人材育成」「未来貢献教育」「スーパースマート構想」「高校版IR開発」といった4つの最先端教育プログラムの開発に取り組みます。

また、生徒や教員たちが本校の教育目標をよく理解できるように、校内の分掌名を変えました。まず生活指導部を「豊かな心育成部」、教務部を「知の創造部」、進路指導部を「未来貢献部」と、3つの教育目標を分掌名に入れました。言霊ではないですが、日常的に教育

PICK UP!

1 イギリス・アイルランド・アメリカの国際大学連合との特別指定校推薦制度

国際大学連合（I.F.U）は、アイルランド国立ダブリン大学トリニティカレッジ、イギリス国立セント・アンドリュース大学、イギリス国立バンガー大学、イギリス国立西イングランド大学、イギリス国立デ・モントフォート大学、アメリカ私立グリーンビル大学の計６校で構成されており、これらの大学を希望する日本人留学生の窓口となる大学直属の機関です。これら６大学への留学を希望する生徒のための入学試験を日本国内で実施しており、昨年は、I.F.Uと指定校提携をしている東京都立富士高等学校で入学試験が実施されています。

I.F.Uが実施する入学試験に合格した生徒は、「ファウンデーションコース」へと進みます。このコースは、専門学部生となる前の留学生のためにカリキュラムを構成した１年間の教養課程です。九段中等教育学校が昨年度締結した指定校協定では、５年生終了時点で推薦入試を受験し、合格すると、６年生からオンラインでの「ファウンデーションコース」を受講することが可能になります。

2 「総合的な探究の時間」に行われる課題探究学習「九段自立プラン」

「総合的な探究の時間」を活用し「九段自立プラン」という課題探究学習が行われています。

１～３年生の前期課程では、地域を知ること、日本を知ること、世界を知ることがテーマです。１年生が取り組む「企業訪問」では、マナー講習会や課題解決の方法を知るためのワークショップなどの事前学習ののち、企業を訪問します。企業からだされた課題にグループで取り組み、２回目の訪問時に発表します。これらをとおして、課題解決の手法や学び方、発表方法の基礎を身につけます。２年生は、「職場体験」をとおして社会への理解を深めるほか、千代田区内にある大使館を訪問し、国際社会へと視野を広げていきます。

４～６年生の後期課程では、卒業研究に取り組みます。４年生は、社会とのかかわりをふまえながら課題を見つけ、解決方法を探ります。５・６年生では、調査・研究活動を行い、成果を発表します。生徒は学習をつうじて、将来のあり方や社会のなかで自らが果たす役割について考えを深め、進路実現へと結びつけます。

目標である言葉を使うことで生徒も教員も同じ目標を意識するようになり、より学校が活性化すると考えています。

文理融合のリベラルアーツで幅広く学ぶカリキュラム

Q カリキュラムや特色ある授業について教えてください。

【野村先生】 本校は、文理融合型のリベラルアーツを基本としており、5年生までは全員が同じ科目を学びます。6年生からは週20時間の選択講座が用意されていますが、大学受験科目の学習に特化するのではなく、幅広く学ぶことで知性と感性を磨き、豊かな創造力を培うことがめざされています。

英語の授業は20人以下の少人数で、グループ活動やプレゼンテーションを多く取り入れており、KUDAN CAN-DOリストに沿った段階的な指導で生徒それぞれの学習到達目標を達成させています。また、「イングリッシュシャワー」といって、正規のネイティブ教員や海外留学生による英語の朝学習も実施しています。

理科の授業では、本物に触れ、本質を学ぶ授業を大切にしています。近年の難関大学では、実体験にともなった試験問題が出題されますから、観察や実験を中心とした授業を行っています。本校にはドーム型の本格的な天文台や科目ごとの理科実験室が完備されていますので、スーパーサイエンスハイスクールをめざすことも可能だと思っています。

本物に触れて、本質を学ぶことは、理科だけにかぎらず、すべての教科において実践しており、千代田区というすばらしい教育資源を有効に利用させていただいています。

独自のキャリア教育と海外6大学との指定校協定

Q 「九段自立プラン」について、また国際大学連合と調印した協定についてお聞かせください。

【野村先生】「九段自立プラン」は、本校教育の中核をなす探究学習プログラムです。千代田区の企業・団体、大学、大使館などの豊富な教育資源をいかしたさまざまな「本物体験」が用意されています。

今後は、新たな価値を創出する「STEAM教育を取り入れた探究的な学習」を本校の学びの中心に

例年のおもな学校行事

4月	入学式 オリエンテーションプログラム（1年）
5月	体育祭
6月	
7月	職場体験（2年）　江戸っ子塾（3年） 至大荘行事（4年）　特別講座 千代田区歴史探訪（1年）
8月	特別講座　UCLA海外大学派遣研修
9月	九段祭（文化祭・合唱コンクール）
10月	特別講座 シンガポール研修旅行（5年）
11月	オーストラリア研修旅行（3年）
12月	英語合宿（2年） TOKYO GLOBAL GATEWAY（TGG）（1年）
1月	企業訪問（1年） クロスカントリーレース（1～5年）
2月	
3月	大使館訪問（2年）　区雅楽教室（1年） 卒業式

おき、中高6年間を一気通貫する教育プログラムを実施します。それにより生徒は自主性・主体性を発揮し、教員も生徒といっしょに学びながら、ともに成長していってほしいと思います。

また昨年度には、海外6大学（イギリス国立4大学、アイルランド国立1大学、アメリカ私立1大学）との指定校協定を締結しました。これによって、5年生終了時に指定校協定を締結した大学へ進学意思があり、試験を受け合格した場合、6年生5月から週末などを利用した「ファウンデーションコース（オンライン授業）」を受講できるようになります。6年生1月ごろには渡英し対面授業を受け、9月から学部生として、通常の留学生よりも1年早く入学できるようになります。

今春には、イギリス国立バンガー大学への短期留学研修（2週間）も開始しましたので、国内だけでなく、海外大学への進学の道も切り拓いていきます。

Q 御校の施設・設備を紹介してください。

【野村先生】 本校には、九段校舎と富士見校舎のふたつの校舎があります。九段校舎では1～4年生までが学び、富士見校舎では5・6年生が学んでいます。部活動や特別活動は九段校舎で行いますので、その際には5・6年生も九段校舎へ移動します。

また、千葉県勝浦市には「至大荘」という遠泳を行うときに使用する施設があり、東京都稲城市にある校外運動施設「尽性園（じんせいえん）」には体育館や広いグラウンドが整備されているので、部活動などで多くの生徒が利用しています。

それと本校は体育館も含め全館冷暖房完備です。プールも温水なので年間をつうじて利用できます。5階には理科教室が6部屋あり、和室、視聴覚室、多目的ホールなど、公立とは思えないような施設・設備が充実しています。

Q 最後に御校を志望する受検生へメッセージをお願いします。

【野村先生】 いろいろなことに興味関心を持ち、なんでも自分で解決してみようと思う生徒さんに入学していただきたいと思います。自分の将来のありたい姿を想像し、その実現に向かって果敢に挑戦する意欲を持った生徒さんをお待ちしています。

東京都立 小石川(こいしかわ)中等教育学校

■中等教育学校
■2006年開校

東京

「立志・開拓・創作」という教育理念のもと3つの特色ある教育を実践

「立志・開拓・創作」を教育理念に掲げ、「小石川教養主義」「理数教育」「国際理解教育」という3つの特色ある教育を実践する東京都立小石川中等教育学校。他校ではあまりみられない「行事週間」も魅力です。

鳥屋尾(とやお) 史郎(しろう) 校長先生

学校プロフィール

開校	2006年4月
所在地	東京都文京区本駒込2-29-29
TEL	03-3946-7171
URL	https://www.metro.ed.jp/koishikawa-s/
アクセス	都営三田線「千石」徒歩3分、JR山手線・都営三田線「巣鴨」徒歩10分、JR山手線・地下鉄南北線「駒込」徒歩13分
生徒数	前期課程 男子216名、女子262名 後期課程 男子212名、女子252名
1期生	2012年3月卒業
高校募集	なし
教育課程	3学期制/週5日制/45分授業
入学情報(前年度)	・募集人員 (特別枠:自然科学)5名以内 (一般枠)男女各80名から特別枠募集での入学者を引いた数
	・選抜方法 (特別枠)報告書、作文、個人面接 (一般枠)報告書、適性検査Ⅰ・Ⅱ・Ⅲ

府立五中時代から大切にする精神

Q 御校の教育理念「立志・開拓・創作」はどんな意味がこめられた言葉なのでしょうか。

【鳥屋尾先生】「立志・開拓・創作」には、「自ら志を立て、自ら道を切り拓き、自ら新しい文化を創り出す」という意味があり、本校では前身・府立第五中学校(1918年創立)からこの精神を大切に受け継いできました。

この言葉を私は、変化が激しく、さまざまな困難がともなう世の中でも、自分で自分が進むべき道をきちんと見極めてほしい。たとえそれが険しい道だとしても、負けることなく、たくましく歩みを進めていってほしい。そして、それぞれが進んだ道で活躍し、世界の人びとの幸せにつながるような新しい発見や発想をしてほしい、という生徒たちへのメッセージとしてとらえています。

生徒と話す機会を設けたいと考え、毎年、6年生(高3)との校長面談を行っています。そうした

場で、これまで自分が取り組んできたことについて熱心に話してくれる生徒の姿を見ていると、本校での生活がいかに充実したものであるかがよくわかります。

Q 教育の3本柱「小石川教養主義」「理数教育」「国際理解教育」について順番にお聞かせください。まずは「小石川教養主義」からお願いします。

【鳥屋尾先生】 本校では、すべての教科・科目をバランスよく学ぶことで広く深い教養を育みます。小石川では文系・理系を分けることなく、5年生まで全員が共通カリキュラムで学び、6年生になると一部（現代文や英語など）を除き、ほとんどが自由選択授業となります。

また、1年生から6年生まで、全員が課題探究活動「小石川フィロソフィー」（42ページ・PICK UP!参照）に取り組むのも特色です。

こうした教養を大切にする姿勢も府立五中時代から引き継いできたもので、小石川の教育活動すべての基本となっているといっても過言ではないほど重要視しています。

さきほど、困難な世の中であっても自分の道を進み、世の中の役に立つ新たな発見をしていってほしいという話をしました。

生徒たちにとって、小石川教養主義をとおしてバランスよく多様な分野を学ぶことが、そうしたことを実現する力の土台になるとも感じています。

科学的思考力や国際的な視野を養う

Q つづいて「理数教育」について教えてください。

【鳥屋尾先生】 本校は、スーパーサイエンスハイスクール（ＳＳＨ）指定校として、独自の理科教育と数学教育を行うことで、「国際社会でリーダーとして活躍できる科学的人材の育成」をめざしています。

理科教育の特徴は、前期課程（1～3年生）のうちから、物理・化学・生物・地学の専門教員が各授業を担当する点です。

どれも実験や観察を多く取り入れるだけではなく、その前後の、仮説を立てる・考察をするというプロセスも大切にすることで、「科学的思考力」の養成に注力しています。

たとえば理科のある授業では、

PICK UP!

1 6年間をとおして行う「小石川フィロソフィー」

「課題発見力」「継続的実践力」「創造的思考力」の3つの力を伸ばすために、課題探究型学習「小石川フィロソフィー」の時間が各学年とも週1～4時間組みこまれています。学年ごとに取り組む内容は異なり、たとえば1年生はビブリオバトルや新聞作成、スピーチコンテストなどをとおして、「言語スキル」の向上をめざします。2年生はデータの読み取りや解析方法、グラフの作り方や科学的なレポートの書き方を学ぶことで、「数量スキル」を高めていきます。1、2年生でこうした研究に必要な基礎的なスキルを培ったうえで、3年生以降、課題研究に取り組んでいき、その成果を校内外で発表する機会や、海外修学旅行において英語で発表する機会も設けられています。

2 理数教育や国際理解教育に関する多様なプログラム

ふだんからレベルの高い理数教育を実践するとともに、科学に関するさまざまなプログラムを展開しているのも魅力です。「オープンラボ」は、放課後や休日に実験室を開放することで、物理、化学、生物、地学、数学、情報に関する研究を生徒が自由にできる環境を提供するというものです。なかには東京農工大学などとの高大連携教育によって、高度な研究に取り組む生徒もいます。科学の分野で活躍する研究者から話を聞くことができる「サイエンスカフェ」は、大学や企業、研究所の協力のもと、例年10回以上行っています。そのほか、イギリス・カーディフ大学での「SSH海外研修」も用意されています。

また、国際理解教育の一環として、下記のとおり実施する国際交流でも、それぞれ魅力的なプログラムが行われています。「国内語学研修」（2年生全員）は8人にひとり英語のネイティブスピーカーの講師がつき、多彩なアクティビティーを体験する3日間を過ごします。オーストラリアのアデレードでホームステイしながら現地校（8校）へ通う「海外語学研修」（3年生全員）は英語を積極的に使うために、ホームステイはひとり1家庭、同じ現地校に通うのは20人程度にしているのが特徴です。そして「海外研修旅行」（5年生全員）ではシンガポールの現地校（4校）において学生とディスカッションやディベートを行っています。

中身が伏せられた水溶液を用意し、さまざまな物質を混ぜるたびに変化していく水溶液のようすを観察することで、それぞれなにが入っているかを調べる実験を行いました。

一方、数学では、1年生から代数・幾何というふたつの分野に分けて学ぶことと、全学年で習熟度別授業を行うのが特色です。独自に作成したテキストを副教材として活用する教員も多くおり、プリントやワークシートにいたるまで、「小石川仕様」の教材を用いて、一人ひとりの数学の力を伸ばしています。

2022年度のカリキュラムから、小石川フィロソフィーⅣ（4年生）として「理数探究基礎」を取り入れました。

数学分野では、統計ソフトの「R」のプログラミングを取り入れた学習を行っていて、それを小石川フィロソフィーⅤ(5年生)での研究に生徒たちは活用しています。

Q 第3の柱、「国際理解教育」に関する取り組みについてもご紹介ください。

【鳥屋尾先生】 国際理解教育で大切にしているのは、世界に目を向けること、国際的な視野を養うことです。

そのために例年、2年生では国内語学研修、3年生では海外語学研修（オーストラリア）、5年生では海外研修旅行（シンガポール）を実施しています。

また、英語の授業でも、たんに大学受験を突破するための英語力の育成のみを目的とするのではなく、英語をコミュニケーションツールとして活用するための力を育てることをめざしています。各学年で、レシテーションコンテストやスキットコンテスト、リサーチ&プレゼンテーションコンテストといった、英語で言葉を発信する機会を多く設けているのもそのためです。

さらに数学同様、全学年で習熟度別授業を展開していますし、英語の検定試験を定期的に受けることも推奨しています。

熱く盛り上がる「行事週間」

Q 「行事週間」も御校ならではのものだと思います。その特色を教えてください。

【鳥屋尾先生】 文化系部活動や有志

例年のおもな学校行事

4月	入学式　オリエンテーション 校外学習
5月	
6月	職場体験(2年)　移動教室(1年)
7月	小石川セミナー① 夏季講習
8月	海外語学研修(3年)　夏季講習 奉仕体験活動(4年)
9月	行事週間(芸能祭・体育祭・創作展)
10月	SSH生徒研究発表会 防災訓練
11月	国内語学研修(2年)
12月	小石川セミナー②
1月	海外研修旅行(5年)
2月	合唱発表会(1～3年)
3月	小石川セミナー③

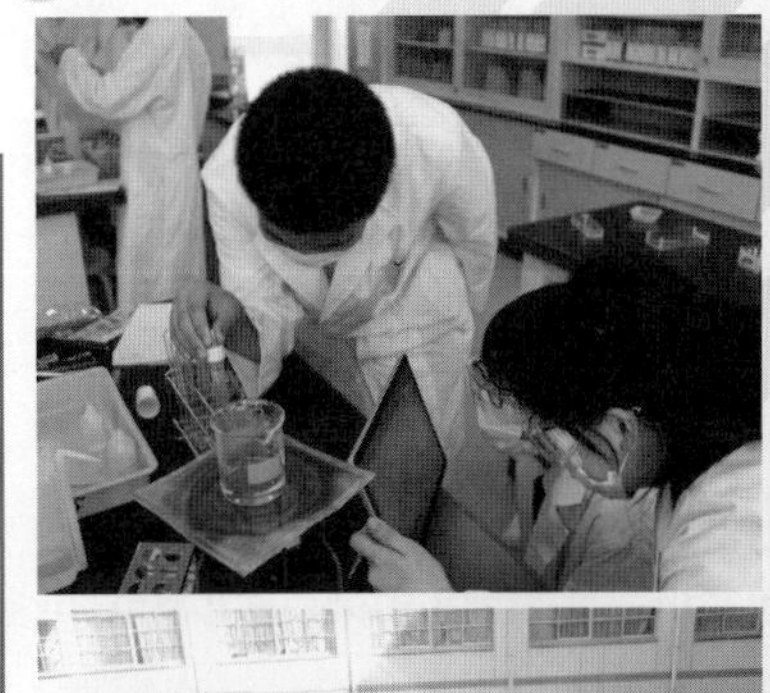

団体による舞台発表が中心の「芸能祭」、学年を縦割りにした団で競いあう「体育祭」、1、2年生は展示、3年生以上は演劇に取り組む「創作展」の3種の行事をまとめて行う9月の1週間を「行事週間」と呼んでいます。こうした行事はすべて生徒主体で運営しているのが特徴です。

行事週間の本番は1週間ですが、準備には長い時間がかけられます。6月から始まる予備体育大会は結果が体育祭の得点に加算されますし、6年生の創作展の準備は1年前から開始し、夏休み中も練習に励みます。本番前から行事週間に向けて学校全体が盛りあがります。

なにかを企画すること、その企画をわかりやすく説明して周囲の協力を得ること、仲間と力を合わせてものごとを成し遂げることなど、机に向かっているだけでは味わえない貴重な体験ができるのも、学校行事の醍醐味だと思っています。

Q 部活動への取り組み方はいかがでしょうか。

【鳥屋尾先生】 理科系の部活動が充実しているので、そうした部と運動部を兼部している生徒も多くいます。

部活動にも全力で取り組みたいからと、帰宅後は気持ちを切り替えて自習に励むなど、それぞれの生徒が勉強との両立を工夫しているようです。

Q 最後に、受検生へのメッセージをお願いします。

【鳥屋尾先生】 本校の魅力は、幅広い分野を学べるカリキュラム、レベルの高い授業、部活動や学校行事にも全力で取り組める環境など、密度の濃い6年間を送ることができる点です。

さまざまなことに挑戦するなかで将来進みたい道を見つけ、その道へとまっすぐに突き進んでいってほしいです。

中高一貫校を何校か歴任してきた私が感じるのは、どの学校にもそれぞれのよさや特色がある一方で、それに合う人もいれば合わない人もいるということです。外から見るだけではわからない部分もあるので、できるだけ実際の雰囲気を体感することをおすすめします。

本校が気になるかたは、ぜひ学校説明会などで、「小石川の空気感」を体感してください。

東京都立 立川国際中等教育学校

■中等教育学校
■2008年開校

文系・理系を問わず学ぶ「教養主義」によるリベラルアーツ教育で国際社会に貢献できるリーダーを育成

都立の中高一貫校では唯一「国際」を冠し、国際社会で活躍できるリーダーを育てる東京都立立川国際中等教育学校。2022年には日本初の公立小中高一貫校となり、さらに注目を集めています。

市村 裕子（いちむら ゆうこ） 校長先生

学校プロフィール

開　校	2008年4月
所在地	東京都立川市曙町3-29-37
T E L	042-524-3903
U R L	https://www.metro.ed.jp/tachikawa-s/
アクセス	JR中央線ほか「立川」・多摩都市モノレール線「立川北」バス
生徒数	前期課程 男子216名、女子261名 後期課程 男子209名、女子223名
1期生	2014年3月卒業
高校募集	なし
教育課程	3学期制／週5日制／45分授業
入学情報（前年度）	・募集人員　(海外帰国・在京外国人生徒枠)　男女合計30名 (一般枠)男子65名、女子65名　計130名 ・選抜方法　(海外帰国・在京外国人生徒枠)成績証明書等、面接、作文〈※面接、作文は日本語または英語による〉 (一般枠)報告書、適性検査Ⅰ・Ⅱ

国際色豊かな環境で グローバルリーダーを育む

Q 御校の教育目標・理念についてお話しください。

【市村先生】 本校の教育目標は「国際社会に貢献できるリーダーとなるために必要な学業を修め、人格を陶冶する」です。この教育目標を達成するために、"Road to Global Citizens" ~Think Globally, Act Locally~（地球規模で考え、自分ができることから行動し、地球市民をめざす。）をスローガンに掲げ、特色あるプログラムをつうじて、「日常」から養える国際感覚と多様性を持つ生徒を育成することがスクールミッションです。

教育活動の指針となる3つの方針をしめしたスクールポリシーは、「立志の精神」「共生への行動」「感動の共有」です。生徒一人ひとりが国際社会に生きる自覚を持ち、自らの志を立てて未来を切り開き、異なる文化を理解して尊重する力を身につけるとともに、達成感や連帯感などの感動を共有できる教

育をめざしています。

毎年30名の海外帰国生徒・在京外国人生徒を受け入れており、米国やアジア、ヨーロッパなどの国と地域から生徒が集まっています。一般枠の生徒と合わせた160名の混成クラスで、異なる生活習慣や価値観、判断基準のちがう仲間と日々切磋琢磨して学ぶことで、学校生活のなかから異文化理解を深めています。

都立中高一貫校で唯一の「国際」中等教育学校

Q 御校のカリキュラムについて教えてください。

【市村先生】 3学期制で45分授業を週5日×7時間、土曜授業は不定期で行っています。1、2年生では5教科を公立中学校の標準授業時数より多く学習できるカリキュラムを組んでおり、数学と英語は習熟度別少人数授業を実施しています。基礎・基本を大切にした先取り学習を行い、数学や英語が得意な生徒にはさらに高度な学習を提供する環境を整えています。

Think Globally, Act Locallyというスローガンのもと、国際感覚や多様性を身につけるためのさまざまな行事やプログラムがあり、その核となる考えが「教養主義」です。国際社会で活躍できるリーダーに必要な総合力を育むために、生徒全員が幅広く高度な教養を身につけられるよう取り組んでいます。5年生までは文系・理系に分かれることなく、必履修の科目を多く設定し、6年生からは進路に合わせた選択科目で志望校合格を手厚くサポートします。また、4年生から第2外国語（フランス語、ドイツ語、中国語から選択）を学べるほか、東京大学をはじめとした高大連携を推進しており、各大学の協力による教養講座を開講するなど、さまざまな学びの機会を用意しています。

本校は、都立の中高一貫校のなかでは唯一「国際」という名称を冠していますが、「国際科」ではなく「普通科」の学校です。一般的には「国際→英語→文系」をイメージしがちですが、めざすのはリベラルアーツ教育です。文理どちらにも必要となる英語を強みとしつつ、他教科をハイレベルかつまんべんなく学べる環境が整っており、文系、理系問わず幅広い進路の選択肢があることが特徴です。

PICK UP!

1 「国際」として充実した英語教育、国際教育

　国際社会で活躍するために必要な英語力を生徒全員が身につけられるようにと、チーム・ティーチングや習熟度別の授業が展開されるなど、さまざまな工夫がなされるほか、多くの行事が用意されています。

　まさに英語漬けの日々になるのが、２年生全員参加の英語合宿です。生徒たちは入学してから１年間、充実した英語の授業を受けていきます。そうした授業をとおして英語の基礎をしっかり身につけ、身につけた力を実際に活用する機会としてこの英語合宿が設定されています。朝から晩まで、小グループに分かれて外国人インストラクターとともに２泊３日を過ごす有意義なプログラムとなっています。

　また、学校では夏休みに前期生の希望者を対象に、「イングリッシュ・サマー・セミナー」が行われます。これは４日間学校に通い、１日６時間すべて英語の授業を受けるというものです。10人の生徒にひとりの外国人指導者がつき、テーマを決めてプレゼンテーションやディベートを行う大変恵まれた環境で学べます。５年生では全員が６泊７日のオーストラリア・スタディ・ツアーに行きます。現地で４泊５日のホームステイを行い、ホストファミリーと過ごしながら現地の高校に通うというもので、こちらも英語合宿同様、英語漬けの５日間を過ごします。最終日には班別行動でテーマごとの研修課題にも取り組み、現地の大学も訪問します。

　また、2016年度には、オーストラリアの公立高校２校（ALBANY CREEK STATE High School、BEENLEIGH STATE High School）と姉妹校提携を結び、本格的な交流を積極的に進めています。

2 日本文化を知り、理解する校外学習・研修旅行

　自国の文化を知らなければ、海外の文化を理解したり、尊重したりすることはできません。

　そのために、２年生では日本文化について調べ学習を行い、文化祭で発表します。３年生では都内での校外学習をつうじて、自国文化のすばらしさに触れます。また、10月には国内研修旅行で広島・京都・奈良を訪れ、日本の歴史や文化への理解をさらに深めます。こうした体験をもとに、５年生のスタディ・ツアーでのプレゼンテーションにつなげていきます。

Q 御校の英語教育はどのように行われているのでしょうか。

【市村先生】 本校は、２０２２年度より3年間、東京グローバル人材育成指針に基づく先進的な取り組みを推進する学校として、東京都教育委員会の[※1]Global Education Network 20に指定されました。高い指導水準をクリアした外国人指導者を8人配置し、全生徒がチーム・ティーチングによる英語授業が受けられる環境があり、ICTやひとり1台端末の活用を積極的に取り入れたアクティブ・ラーニングにより、英語の4技能5領[※2]域の力を育む授業を行っています。将来、世界で活躍する人材を育成するための取り組みをさらに推進していきます。

　また、英語に関する行事が充実しており、1年生はTGG(TOKYO GLOBAL GATEWAY) で1日を過ごし、2年生では2泊3日の英語合宿を実施して、楽しみながら英語に触れ、慣れ親しみます。夏休みには1~3学年を対象に外部から外国人指導者を複数招き、実践的な英語のプログラムを1日6時間・4日間受講するイングリッシュ・サマー・セミナーも開催しています。3・4年生の希望者に実施する「シンガポール国立大学リーダープログラム」では、名門シンガポール国立大学で、現地の大学院生と英語でディスカッションをしながら、リーダーシッププログラムを学びます。5年生のオーストラリア・スタディ・ツアーでは、ホームステイや現地学校の体験授業、大学訪問などを経験し、確かな基礎・基本に根ざした実用的な英語力を身につけます。目標は卒業までに英検準1級レベルの力をつけることで、大学受験に採用されているTEAPやケンブリッジ英検にも全員が挑戦します。

海外大学や難関国公立大学医学部など進学先は多彩

Q 2022年4月に附属小学校が開校しました。国内では初の公立の小中高一貫校ですが、これまでとの変更点はありますか。

【市村先生】 本校がめざす教育の方向性に変わりはありません。2022年度に入学した小学1年生が中等教育学校に入学することを念頭に、中等教育学校のカリキュラムなどをより充実、発展させていきます。

※１　「GE-NET20」と略される。東京都のグローバル人材育成に関する取り組みの充実をはかるため、先進的な取り組みを推進する都立20校を2022年度から指定

※２　「読む」「聞く」「書く」「話す（やり取り）」「話す（発表）」

例年のおもな学校行事

4月	入学式　校外学習
5月	体育祭
6月	英語合宿（2年）
7月	オーストラリア・スタディ・ツアー（5年）
8月	イングリッシュ・サマー・セミナー（1〜3年） 夏季講習
9月	文化祭　国際交流セミナー
10月	国内研修旅行（3年） 職場体験（2年）　東京都英語村（1年）
11月	英語発表会　進路講演会（3年） TEAP（5年）
12月	冬季講習 ケンブリッジ英検（1〜4年）
1月	大学入学共通テスト模試（5年）
2月	合唱祭
3月	卒業式　春季講習 シンガポール国立大学リーダープログラム（3、4年）

Q 校長先生から見た御校の生徒さんの印象を教えてください。

【市村先生】 本校の自慢は生徒たちです。立国生は学ぶことの価値を知り、真摯にものごとに取り組み努力することができる姿勢、相手の努力を尊重しエールを送ることができる心、秘めた熱い気持ちをエネルギーとしてだせる力を持っている生徒たちです。知的好奇心も旺盛です。中高生の多感な時期にどんどん外にでて、多様な世界に触れてほしいと思っています。

Q 卒業後の進路やその指導方法について教えてください。

【市村先生】 文系、理系の進学者は若干文系が多いですがほぼ同数です。国公立大学の受験率は82・8%、現役合格率は90%で、毎年医学部に合格する生徒もいます。今春、東京大学に合格した3人のうち1人は、米国のコロンビア大学にも合格しました。東京大学へ進学後、今秋からコロンビア大学・環境学部で学ぶ予定です。

本校の進路指導は、「目標を高く、学校を軸足に、最後まで諦めない」が方針です。塾に通わずとも学期中や長期休業中の講習で受験対策がしっかりできます。長期休業中の講習は、1年から6年まで多くの講座が開講されます。面倒見のよい、入学後の生徒の力を伸ばす指導です。生徒のやる気に火をつけるような精神面でのサポートはもちろんのこと、データに基づいた的確なアドバイスや指導も推進しています。

Q 最後に御校の志望者に向けたメッセージをお願いします。

【市村先生】 本校が求める生徒像、learner profileを3つのCで説明します。始めにCollaboration、人を大切にして協働できる人です。ペアワークやグループワークがたくさんある学校で、性別を問わずお互いを認めあってだれとでもともに学びあいます。つぎにChallengeです。本校はチャンスを多く提供できる学校で、いろいろなことに挑戦できる人を求めています。最後にCreateです。これまでの取り組みを継続していくだけでなく、新しいことやよりよくすることに挑戦し、さらに一歩進めて新たな価値を創造しようとする人、そんな人を求めています。

本校でいっしょにワクワクする学校生活を送りませんか？　みなさんをお待ちしています。

東京都立 白鷗(はくおう)高等学校附属中学校

■併設型
■2005年開校

開拓精神をもって学びを深め グローバルな未来へ羽ばたいていく

「国際的なダイバーシティ（多様性）を兼ね備えたグローバルリーダーの育成」をめざす東京都立白鷗高等学校附属中学校。「日本の伝統文化理解教育」を基盤に、国際教育や理数教育など、多彩な力を伸ばすプログラムが実践されています。

池戸(いけど) 成記(しげき) 校長先生

学校プロフィール

開　校	2005年4年
所在地	(東校舎)東京都台東区元浅草3-12-12 (西校舎)東京都台東区元浅草1-6-22
TEL	03-3843-5678
URL	http://hakuo.ed.jp/
アクセス	(東校舎)都営大江戸線・つくばエクスプレス「新御徒町」・都営大江戸線「蔵前」・地下鉄銀座線「田原町」徒歩7分、都営浅草線「蔵前」徒歩12分
生徒数	男子236名、女子284名
1期生	2011年3月高校卒業
高校募集	なし
教育課程	3学期制／週5日制／45分授業
入学情報(前年度)	・募集人員　計200名(すべての枠を含む) ・選抜方法　(海外帰国・在京外国人枠)成績証明書等、作文〈日本語または英語〉、面接〈日本語および英語〉、(特別枠)日本の伝統・文化分野〈囲碁・将棋、邦楽、邦舞・演劇〉報告書、面接、実技、(一般枠)報告書、適性検査Ⅰ・Ⅱ・Ⅲ

日本の伝統文化を学びながら世界へのまなざしを養う

Q 御校の沿革を教えてください。

【池戸先生】 1888年に東京初の府立高等女学校として開校した東京都立白鷗高等学校は、現在にいたるまで130年以上の歴史を積み重ねてきました。そこに2005年に併設されたのが、東京都立白鷗高等学校附属中学校です。

都立初の中高一貫教育校として誕生した本校は教育界をリードする存在であるべく、多様なプログラムを積極的に導入するとともに、数多くの指定事業に取り組んできました。

教育理念の「開拓精神」には、洋々たる前途を自分の力で切り拓いていける人物になってほしいという願いがこめられています。生徒には自主自律の精神をもって日々の勉強にのぞんでほしいです。

Q 「伝統からグローバルな未来へ」というスローガンには、どんな想いがこめられているのですか。

【池戸先生】 私は教育とは、未来からの要請に応えるものだと考えて

東京都立　白鷗高等学校附属中学校

※現在の東校舎は2024年夏まで使用予定

います。生徒たちが中心に立つ20年後・30年後の未来を想像すると、そこにはより国際化した社会が広がっていると思います。そのときに必要とされる力を育むのが、本校の特色である「日本の伝統文化理解教育」（50ページ・PICK UP!参照）といえます。

自国の文化に誇りを持つことは、他国の文化へのいっそうの理解をうながすことにもつながります。生徒には、そうした伝統や文化への理解を基盤として、世界が抱える課題の解決をはかり、社会に、世界に貢献する人材に育ってほしいです。

これに「課題探究型学習」と「ダイバーシティ教育」を加えた3つの柱が、白鷗の教育活動の軸になっています。

「課題探究型学習」と「ダイバーシティ教育」

Q「課題探究型学習」では、どのような取り組みを行っていますか。

【池戸先生】 中1では総合的な学習の時間を活用して、周辺地域に関する課題からテーマを設定し、各自が探究を進める「浅草・上野地域探究」を行っています。

そして学年が上がるごとに、周辺地域から東京都全体へ、東京都から日本へ、日本から世界へと探究の対象を広げていき、集大成として各自が自由に設定したテーマについて、高2で日本語の論文を、高3で英語の論文を執筆します。

こうした学習をとおして、最終的には自分が世界へどのように貢献できるかを考えていくというのが、本校の「課題探究型学習」のねらいです。また、大学や研究機関との連携により、最先端の科学的知見から探究活動に助言や指導をいただくことができるのも大きな特色です。

Qつづいて「ダイバーシティ教育」について教えてください。

【池戸先生】 本校は海外帰国・在京外国人枠でも生徒を募集しています。そのため生徒は中1のときから、国籍も育ってきた環境も異なる友だちと机を並べて過ごします。こうした環境でだれに対しても垣根をつくらず、お互いの多様性を認めあう素養が育まれていきます。

さらに、中2から第二外国語を全員が必修で学ぶのも、多様性を意識する取り組みのひとつです。外国語を学ぶことは、各国の文化

PICK UP!

1 多岐にわたる「伝統文化理解教育」

授業のなかでもとくに特徴的なのが学校設定科目「日本文化概論」です。日本の生活文化を必修で学び、そのほかに将棋・囲碁・茶道・華道・書道・日本音楽史から好きなものをふたつ選び、日本文化に関する理解を深めます。

これらの講師は、将棋や囲碁はプロ棋士、華道・茶道も外部の専門家が務めるなど本格的なものです。さらに音楽の授業では、全員がひとり一丁ずつ三味線を持って演奏するほか、「浅草流鏑馬」や「鳥越祭」での神輿担ぎといった地域の伝統行事にも参加しています。

2 世界を体感できる国際交流プログラムの数々

2019年度からフランス・パリの名門中高一貫校、ラ・フォンテーヌ校と姉妹校提携を結び、オンライン上での交流や、現地生徒の受け入れなどを行ってきました。2022年度から、白鷗の生徒が同校を訪問し、日本を発信する「フランス短期留学」が始まりました。そのほか、アメリカの有名な大学や企業を訪問する「海外研修旅行」（中3全員対象）、現地の高校で探究学習やSTEAM教育（科学・技術・工学・芸術・数学の5科目を組みあわせて、さまざまな課題解決にいかす教育）を行う「オーストラリア短期留学」（中3および高校生希望者対象）などの交流機会もあります。さらに、2024年度から「生徒がつくる修学旅行」を実施します。

3 校舎がふたつあることで生まれる白鷗の特徴

白鷗には東校舎（中1・中2）と、西校舎（中3～高3）があります。2024年の夏から2028年まで、東校舎は西校舎のグラウンドに建設される仮設校舎へ機能を移します。

最大のメリットは、同じ敷地内に全学年がそろうことです。中1・中2も日常的に、上級生が真摯に勉強する姿や、部活動で活躍するエネルギーに触れられるようになります。一方で、校舎は分かれていますから、中1・中2の間は基本的な生活習慣と学習習慣を確立させつつ、各自がリーダーシップを発揮し、その後校舎を移った際には、それをさらに強化させるという、「ふたつの校舎」のメリットを最大限にいかした指導も可能になります。

や歴史的背景のちがいを学ぶことであり、このような経験をとおして、周囲の人びとの個性をお互いに尊重する姿勢を養います。

なお、第二外国語として選択できるのはフランス語、ドイツ語、スペイン語、中国語の4つです。希望者は高校でも継続して学ぶことができます。

また国際交流もさかんに行われています。アメリカからの留学生を受け入れて、いっしょに地域探索にでかけたり、フランスから来訪した視察団のかたがたに、「百人一首」「剣道」「長唄・三味線」「和太鼓」といった、日本の伝統文化に関する部活動を見学してもらったりしています。こうした経験の一つひとつが、生徒に自分のアイデンティティーを自覚させるきっかけになるでしょうし、他国の人びとを尊重する気持ちを育てていくと考えています。

Q 英語教育にも力を入れておられますね。その内容をご紹介ください。

【池戸先生】 中高での英語教育が評価され、昨年、白鷗高校がGlobal Education Network20[※1]に指定されました。英語の授業は中1の段階から、自分の考えを英語で話す機会を多く設けています。中2・中3では表現力・発信力など多様な力を伸ばすため、英語の独自科目を週1時間設定し、これを「HAPiE（HAKUO Academic Program in English）」と名づけています。「HAPiE」は高2・高3でも学校設定科目として週1時間実施されます。

高3の「HAPiE」では、日本人教員3人とネイティブ教員4人体制で、英語でのプレゼンテーション力や論文を執筆する力を養成します。論文執筆では、日本人教員が英語で論文を書くときのポイントや注意点を説明し、生徒が執筆した文章をその場でネイティブ教員が添削する、という流れで授業が進みます。生徒10人につきネイティブ教員ひとりという恵まれた環境で、力を大きく伸ばすことができるのです。

完全中高一貫校化に向け新たな取り組みをスタート

Q 昨年度に高校募集を停止され、さまざまな改革を進めているそうですね。

【池戸先生】 2028年度の完全中

※1　「GE-NET20」と略される。東京都のグローバル人材育成に関する取り組みの充実をはかるため、先進的な取り組みを推進する都立20校を2022年度から指定

例年のおもな学校行事

4月	入学式
5月	体育祭　校外学習
6月	浅草・上野地域探究開始
7月	芸術鑑賞教室(中1)　夏期講習 オーストラリア短期留学(中3)
8月	夏期講習
9月	白鷗祭(文化祭)
10月	伝統文化体験(中3)
11月	プレゼン研修(中1)　職場体験学習(中2) 上級学校訪問(中3)
12月	道徳授業地区公開講座
1月	百人一首大会
2月	合唱コンクール　TGG校外学習(中3)
3月	スポーツ大会　卒業式 アメリカ研修旅行(中3) 職業講話(中1)

高一貫化を見据えた中学校の入学枠拡大にともない、来夏から東校舎の建て替えが行われます。仮設校舎を建設するため、西校舎グラウンドは2028年まで使用できなくなりますが、公共施設や民間の運動場などを活用して影響を最小限にとどめる予定です。

　中学段階で高校の学習内容に取り組むことも可能となるため、さらなる教育過程の見直しを進めていく予定です。進路指導やキャリア教育の面でも、中高一貫であることをいかした6年間の育成ビジョンを再構築していこうと考えています。

　また昨年度、白鷗高校が東京都教育委員会から「理数研究校」[※2]に指定されました。昨年の取り組みをブラッシュアップさせながら、今年度も継続して理数教育に力を入れていきます。

　全校生徒向けにさまざまな学習の機会をしめしていくのはもちろん、別途、理数プロジェクトチーム（中高全学年が対象）も結成し、授業外の時間を使って活動しています。このプロジェクトチームでは、理数系オリンピックや科学の甲子園といったコンテストにチャレンジするほか、大学教授や研究者のかたを招いて講演会を行ったり、国立科学博物館やJAXA（宇宙航空研究開発機構）へ見学にでかけたりもしています。生徒の知的好奇心を刺激できるような取り組みを今後もどんどん実践していきたいですね。

　難易度が高いプログラムも多いなか、中学生も意欲的に参加してくれているのでうれしく思います。『中学生科学コンテスト』ってどんなことをやるんですか。どうすれば参加できますか」と、熱心に教員にたずねてくる生徒の姿も見られ、これからの活躍をおおいに期待しています。

Q 最後に受検生へ向けてのメッセージをお願いします。

【池戸先生】 機会がありましたら、ぜひ本校に足を運んでいただき、生徒の姿を見てほしいです。白鷗ならではの教育をとおして、「こんなお兄さん、お姉さんになりたい」と思ってもらえるような生徒を育てている自信があります。「伝統からグローバルな未来へ」というスローガンに共感していただける受検生のみなさんをお待ちしています。

※2　理数に興味関心を持つ生徒の裾野を拡大し、すぐれた資質・能力を持つ生徒の発掘とその才能を伸ばす都立高校を指定

東京都立 富士高等学校附属中学校

■併設型
■2010年開校

6年間で身につけたい 未来を創造し社会で活躍できる力

2021年度からスーパーサイエンスハイスクール（SSH）に指定された東京都立富士高等学校。同附属中学校でも多彩な理数教育が推進されています。加えて、国際教育にかかわる取り組みも充実しており、幅広い教養を身につけることができます。

勝嶋　憲子　校長先生

めざしているのは「富士山型の人間」

Q 勝嶋先生が学校のようすをご覧になって感じられた御校の魅力はなんでしょうか。

【勝嶋先生】どの教員も生徒のことを第一に考え、さまざまな学びの機会を与えようと、全力で指導にあたっているのが本校のよさだと思います。枠にはめた指導をすることはありませんので、生徒は伸びのびと過ごせるでしょう。

行事が多いので充実した学校生活を送れるのも魅力です。行事の企画・運営においても生徒の自主性に任せています。

校内でつくられるおいしい給食があることも、読者のかたにお伝えしたいですね。

Q 御校がめざす教育についてお教えください。

【勝嶋先生】教育理念「自主自律」「文武両道」のもと、「知性を高め、教養を深める」「品性を養い、感性を磨く」「自ら判断し挑戦する精神を高める」の3つを教育目標に掲げています。そして、幅広い教養

学校プロフィール

開　　校	2010年4月
所在地	東京都中野区弥生町5-21-1
T E L	03-3382-0601
U R L	https://www.metro.ed.jp/fuji-s/
アクセス	地下鉄丸ノ内線「中野富士見町」徒歩1分
生徒数	男子233名、女子246名
1期生	2016年3月高校卒業
高校募集	なし
教育課程	3学期制／週5日制（土曜授業 年18回）／50分授業
入学情報（前年度）	・募集人員　男子80名、女子80名 計160名
	・選抜方法　報告書、適性検査Ⅰ・Ⅱ・Ⅲ

を身につけ、大きく成長してほしいとの思いから「富士山型の人間をめざす」をキャッチフレーズとしています。そのために、本校独自の多彩な学びの数々があります。

6年間取り組む「富士未来学」

Q 国語の授業で特徴的な取り組みを実施しているそうですね。

【勝嶋先生】 中1・中3で、ディベートに挑戦します。多様なテーマをあつかっていて、「教員の給与は仕事に見合っているのか」というテーマもありました（笑）。

中1から「富士未来学」として探究学習を行っていることもあり、調べる力、人の意見を聞く力や理解する力、そして自分の考えを発信する力がしっかりと育っているのを感じます。

Q 「富士未来学」についてお話しください。

【勝嶋先生】「富士未来学」は、2021年度に指定を受けたスーパーサイエンスハイスクール（SSH）として実施しているプログラムのひとつです。全学年の生徒、すべての教員がかかわります。

本校独自のオリジナルテキストを活用しながら、探究学習とはどのようなものかを考えることから始め、統計や分析に関する基本的な知識など、探究活動に必要なスキルを身につけていきます。

そして、中3でプレ課題研究、高1・高2で本格的な課題研究にのぞみます。めざしているのは理数的なものの見方で課題を発見する「理数的発見力」、その課題の解決方法を探る「理数的解決力」を伸ばすことです。

さらに、学年ごとに発表の準備を行う課題研究強化週間や中1から高3まで全生徒が発表しあう探究発表会など、アウトプットの機会も豊富に用意しているので、プレゼンテーションスキルや、ほかの人の発表を聞いて質問する力も養うことができます。探究発表会には外部のアドバイザーが20名ほど訪れ、発表を聞いたうえでアドバイスをくださるので、生徒の励みになります。

Q そのほか理数教育にかかわるプログラムはありますか。

【勝嶋先生】 年に10回、希望者を対象とした「理数セミナー」を開催しています。社会の第一線で活躍されているかたがたが、サイエン

PICK UP!

1 英語教育やスポーツにかかわる指定も充実した学校生活を送れる

Global Education Network 20の指定を受ける富士では、英語に関する取り組みが充実しています。まず通常の授業で意識しているのは4技能をバランスよく伸ばすこと。ペアワークやグループワークなどを導入し、習熟度別授業やネイティブスピーカーの教員とのチームティーチングも実施します。

夏休みには中学生全員を対象に「短期集中英語講座」を開き、複数のネイティブスピーカー講師を招いてコミュニケーション活動を中心とした授業を行います。校内で海外を体験する場として自分の主張を英語で表現し、自分のアイデンティティーに向きあう機会としています。中2のブリティッシュヒルズ（福島県）での「英語合宿」も海外をそのまま体感できる場となっています。また中3希望者対象の「シリコンバレー研修」は、約1週間アメリカに滞在し、世界最先端の科学技術に触れられるという魅力的なプログラムで、例年定員に対して3倍もの応募があります。

ほかにも、「レシテーションコンテスト」（中学全学年）や、「オンライン英会話」（中3～高2）も、通常の授業で学んだ英語の力を、より実践的な力へと高めていくために行われる取り組みです。

さらに富士は[※2]Sport-Science Promotion Clubの指定も受けています。文武両道を実践し、薙刀部と陸上競技部が例年全国大会に出場、剣道部が男女とも関東大会に出場するなど、多くの運動部が熱心に活動しています。また文化部の活動もさかんで、茶道部が全国総文祭で呈茶（ていちゃ）を行ったり、科学探究部が論文の発表をしたりしています。

※2　科学的トレーニングの積極的な導入などにより、短時間で効果が得られるような合理的でかつ効率的・効果的な活動を推進する部活動を指定する

スとテクノロジー、スポーツ工学、化学反応についてなど、多種多彩なテーマで講演をしてくださいます。ときには、定員の200人を超える参加希望者が集まるほど人気です。とくに探究合宿にのぞんでいる中1は、SSHの取り組みに興味・関心を持っていて、「理数セミナー」にも積極的に参加しています。

ほかにも、理数に特化した取り組みとして、「東京大学最先端科学体験学習」や「サイエンスアカデミーキャンプ」もあります。

「東京大学最先端科学体験学習」は、東京大学の研究者である本校の卒業生の協力のもと行われています。研究室を訪れて研究を体験させてもらうプログラムです。

「サイエンスアカデミーキャンプ」は、東京大学の教授を招へいして、3日間をかけて研究の手法を深く学んでいくものです。

このように理数教育に特化した取り組みが数多くありますが、けっして理系分野に偏った教育を展開しているわけではありません。教科の授業や富士未来学をつうじて、文理にとらわれない幅広い教養を身につけ、ほかの人と調和する力、挑戦する力といった多様な力を育てたいと考えています。

国際教育に注力し 海外大学進学の道も

Q 国際教育にも力を入れ、東京都のGlobal Education Network 20[※1]にも指定されていますね。

【勝嶋先生】 英語の授業をオールイングリッシュで実施したり、海外のネイティブスピーカーとオンラインで英会話をしたりと、いろいろなかたちで生徒の英語力を伸ばしています。

現在は国内ですが、次年度から台湾への海外修学旅行も実施する予定です。また、希望すれば高1、高2でイギリスのバンガー大学が主催する短期研修に参加することも可能です。

バンガー大学を含めイギリス4大学、アメリカおよびアイルランドの大学、計6大学と指定校協定を結んでいます。特別指定校推薦制度を活用して、これらの大学に進学できるのは大きな特色でしょう。

本来、国内から海外大学へ進学する場合は、高校卒業後海外に渡り、現地で留学生のための大学準

※1　「GE-NET20」と略される。東京都のグローバル人材育成に関する取り組みの充実をはかるため、先進的な取り組みを推進する都立20校を2022年度から指定

例年のおもな学校行事

4月	入学式　新入生歓迎会　対面式
5月	体育祭
6月	探究合宿(中1)　体力テスト　探究発表会
7月	英国立大学ファウンデーション研修(高1・2)
8月	短期集中英語講座 オーストラリア語学研修
9月	文化祭　サイエンスアカデミーキャンプ
10月	環境セミナー(中1)　東大出前授業(中2) 東大訪問(中2)　職場体験(中2) 修学旅行(中3)
11月	芸術鑑賞教室(高1・2)
12月	エコプロ(中1)　英語合宿(中2) 合唱祭(中1～高2)
1月	修学旅行(高2) レシテーションコンテスト 百人一首大会　最先端科学体験学習(中1)
2月	探究発表会
3月	芸術鑑賞教室(中1・2) シリコンバレー研修(中3) 英国立大学ファウンデーション研修(高1・2)

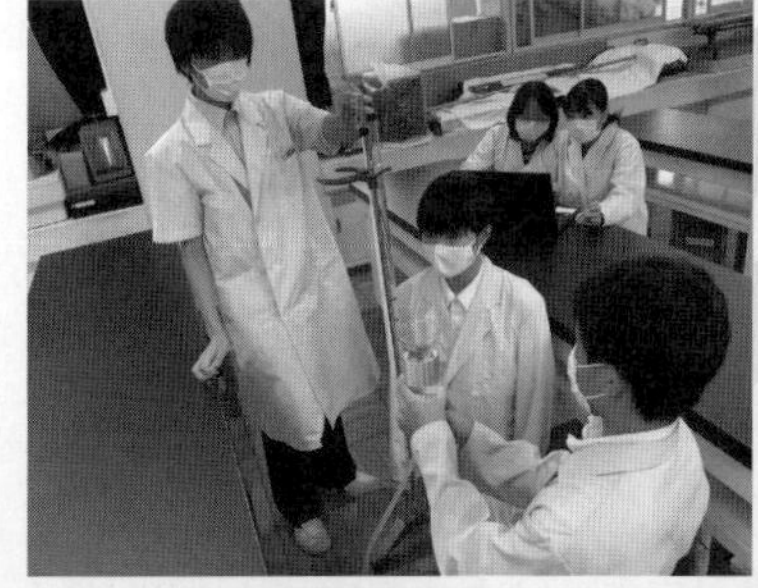

備講座「ファウンデーションコース」を約1年間受けるのが主流です。しかし本校では、高2終了時点で推薦入試に合格していれば、高3から週末や放課後を利用してオンラインで「ファウンデーションコース」を受講することができます。

その後、高3の1月に海外に渡り、半年間の対面講座を受ければ、現地の学生と同じタイミングで入学することができるのです。

失敗を恐れずに チャレンジしてほしい

Q 中高の6年間を過ごすにあたり、大切にしてほしいことはありますか。

【勝嶋先生】 中高時代は大学受験に向けて学力を伸ばすことも必要ですが、勉強だけすればいいわけではありません。生きる力を養わなければならないのです。

すでにお伝えしたとおり、本校には多くの行事がありますから、それらにも積極的に取り組み、さらに部活動にも参加するなど、さまざまな経験をとおして人間力を高めていってほしいです。

Q 御校は部活動もさかんなのでしょうか。

【勝嶋先生】 ほぼすべての生徒が部活動に取り組み、兼部している生徒もいます。運動部、文化部を問わず熱心に活動しており、陸上競技部や薙刀部、茶道部は、例年全国レベルの大会に出場しています。

そのほか、科学探究部はSSHの指定を受けたことをきっかけに、ほかのSSH指定校とオンラインで交流を始めるなど、活動の場を広げています。普段なかなか知りあう機会がない他県の生徒さんの活動を知ることは、大きな刺激になっています。

Q 御校を志望する生徒さんにメッセージをお願いいたします。

【勝嶋先生】「6年間の富士の学びから未来を創造する」、そのような教育を展開していきたいと考えています。熱意ある教員、そして高めあえる仲間とともに、未来を創造し社会で活躍できる力を身につけましょう。そのためには、失敗を恐れず、どんなことにも挑戦する気持ちが必要です。重要なのは「できるかできないか」ではなく、「やるかやらないか」です。なにごとにも、高い意欲を持って挑戦できる生徒さんを待っています。

東京・神奈川・千葉・埼玉

東京都立

三鷹中等教育学校

■中等教育学校
■2010年開校

思いやり・人間愛のある社会的リーダーの育成をめざす

東京都立三鷹中等教育学校は、学習活動と特別活動・部活動などの両立をめざし、最後まで努力することのできる生徒を育てています。探究・国際理解・ICTの3本を軸に、特定の分野に特化せず、入学してから可能性を広げられる幅広い教育を行っています。

小林(こばやし)　正人(まさと)
校長先生

学校独自の目標水準「三鷹スタンダード」

Q 三鷹中等教育学校の基本理念についてお聞かせください。

【小林先生】 基本理念は「思いやり、人間愛をもった社会的リーダーの育成」です。学校生活をとおして、すべての人に思いやりを持って接し、人間味あふれる社会のリーダーとなれる生徒を育てることを目標にしています。

Q 6年間のカリキュラムはどのようになっていますか。

【小林先生】 6年間を2年ずつ、3つのステージに分けて展開しています。まず、1・2年の「ファーストステージ」では、基礎・基本の確実な定着をめざします。つづく3・4年の「セカンドステージ」では、一部の教科で3年生から高校の学習範囲を盛りこんでいくことで、教育内容のさらなる充実と、中学から高校へのスムーズな接続をはかっています。最後の「サードステージ」は、進路に応じて希望する科目を選択できるカリキュラムにしています。

学校プロフィール

開　　校	2010年4月
所 在 地	東京都三鷹市新川6-21-21
T E L	0422-46-4181
U R L	https://www.metro.ed.jp/mitaka-s/
アクセス	JR中央線「三鷹」「吉祥寺」・京王線「調布」「仙川」バス
生 徒 数	前期課程 男子230名、女子251名 後期課程 男子221名、女子232名
1 期 生	2016年3月卒業
高校募集	なし
教育課程	3学期制／週5日制（土曜授業 年18回）／50分授業
入学情報（前年度）	・募集人員　男子80名、女子80名 計160名 ・選抜方法　報告書、適性検査Ⅰ・Ⅱ

特色は、学校が目標とする学力の水準を定めていることです。基礎・応用・発展の3段階での学習到達度を設定したものを「三鷹スタンダード」と称しています。このように、生徒の到達度をきめ細かく分析することで、苦手分野は克服をめざし、得意分野はより伸ばすなど、個々に応じた指導が可能になります。数学や英語では習熟度別少人数授業を行うほか、放課後補習をはじめとするサポート体制も整えながら、教員、生徒が一丸となって目標達成に向けて努力しています。

また、「探究（人生設計学）」を導入し、リーダーとしての資質を養い「大学の先にある人としての在り方・生き方」を見据えたキャリア教育を展開しているのも特徴です。この「人生設計学」も前述のカリキュラム同様、3つのステージに分けて実施しています。

ICT教育や国際理解教育も充実

Q ICT（情報通信技術）を活用した授業も充実していますね。

【小林先生】 これまで東京都教育委員会から指定を受けた「ICTパイロット校」として、生徒全員がひとり1台タブレットPCを持ち、積極的に授業で活用していくことで、より主体的、能動的に学ぶ力を養ってきました。

教員が生徒の学力に応じて個別レポートを課したり、タブレットPCをとおして質問に答えたりするなど、生徒と教員の双方向のやりとりが活発に行われています。

新型コロナウイルス感染防止にともなう約3カ月におよぶ臨時休校期間においても、4月当初からすべての教員が遠隔会議システム（SkypeやZoomなど）を活用した学級活動やホームルーム活動、オンラインの遠隔授業が早期に実施できたことで、生徒が家庭にいながら学習を進展させただけでなく、本校への帰属意識を高め、家庭と連携して基本的生活習慣も改善できました。

今後も、反転授業の実践などに加え、進路指導や家庭学習でもICTを積極的に活用していきます。

Q 国際理解教育についてお話しください。

【小林先生】 本校は「胸は祖国に置き、眼は世界に注ぐ」人材の育成をはかるため、英語力の向上や国

PICK UP!

1 「人生設計学」で大学のさきにある自らの将来を見据え、自己実現をはかる

三鷹独自の「人生設計学」は「国際理解教育・思いやり」「キャリア教育」「課題学習」の３つの柱からなる体験型探究学習です。カリキュラム同様、３つのステージに応じたプログラムが展開されています。

たとえば、「キャリア教育」では、〈ファーストステージ〉は「社会を知る」として、職場見学・体験をとおして職業のあり方について理解を深めます。〈セカンドステージ〉は「学問を知る」として、大学や研究室を訪問し、どのような分野に興味があるかを考えます。〈サードステージ〉は「自己実現をはかる」段階で、自分の夢を具体化できる大学を選んでいきます。各ステージではまとめとして論文作成に取り組み、さらに発表会も行うため、プレゼンテーション能力やコミュニケーション能力が培われます。

上記を含めた多彩な取り組みはすべて「人生設計学」の一環としてとらえられており、それぞれが密接にかかわりあっています。これらをとおして、大学のさきにある将来を見据え、一人ひとりの自己実現をあと押ししています。

2 教科横断的な特色ある教育活動 独自の「文化科学」「文化一般」「自然科学」を設置

学校設定科目として、１～５年で教科横断型の授業を設定しているのも特色です。「文化科学Ⅰ」（1年）では日常生活や読書活動を材料にスピーチを行い、読解力、表現力、コミュニケーション能力の基礎を養います。「文化科学Ⅱ」（4年）では社会福祉論や社会貢献論を学ぶとともに、模擬選挙などの主権者教育にも取り組んでいます。

５年になると、さらに内容を発展させた「文化科学Ⅲ・Ⅳ」があり、そのほかにも、音楽や美術といった科目にこだわらず、芸術全般に関する基礎的な技能・表現力を学ぶ「文化一般」、数学と理科への興味・関心を高める「自然科学Ⅰ・Ⅱ」（2・3年）、情報系の発展科目「自然科学Ⅲ」（6年）などの授業があります。

際交流に力を入れるとともに、日本の伝統文化理解教育も大切にしています。

英語力向上に関する取り組みとしては、英語の授業でのオンライン英会話があります。あるテーマについて30分間、海外のかたと1対1で会話をします。日本語はいっさい使わず、英語のみで行いますから、まさに英語のシャワーを浴びるかたちです。生徒は自分の意思を伝えようと身ぶり手ぶりも含めて一生懸命会話しており、そうした姿勢が英語の力を伸ばすことにもつながっていると感じます。

英検の受験も推奨し、毎年、前期課程（中学）3年生の約75%が、準2級以上に合格しています。そのほか、「プレゼンテーションデイ」など、「読む・書く・聞く・話す（やりとり・発表）」の5技能を伸ばす多彩なプログラムを実践しています。

英語を実際に使う場としては、5年次の台湾への修学旅行があります。滞在中に訪れる台湾の学校とは姉妹校提携を結んでいるため、彼らが日本を訪れ、本校で交流を深めることもあります。

また希望者には、海外からの大学生・大学院生を講師として、3日間英語漬けで過ごす「校内留学」や、アメリカ・ニュージーランドでの「海外ボランティア研修」も用意しています。ボランティア研修では、現地の老人ホームを訪問して日本の伝統文化を紹介したり、環境保全活動に取り組んだりします。

体験的な校外学習もひと味ちがったかたちで実施しています。1・2年では日本の自然環境や農業に触れるため、田植えや酪農などを体験します。3年は、東京スカイツリー周辺の下町を訪れている外国人観光客へのインタビューをとおして日本のよさを再認識し、4年は鎌倉、5年は横浜の歴史的名所を訪れ、日本の歴史に対する理解を深めます。6年になると集大成として、6年生の各班にひとりの留学生が加わり、生徒が協力して留学生に英語で東京を案内します。これらは国際理解教育と日本の伝統・文化理解をミックスさせた、本校ならではの取り組みです。

6学年が仲よく過ごす 家庭的な校風が魅力

Q 学校の雰囲気についてお教えく

例年のおもな学校行事

4月	入学式　対面式
5月	校外学習（1・2年） 遠足（3〜6年）
6月	合唱祭
7月	夏期講習（1〜3・5年） 勉強合宿（4年）
8月	部活動合宿
9月	文化祭　体育祭
10月	海外修学旅行（5年）
11月	職場見学（1年）　職場体験（2年） 研修旅行（3年）
12月	勉強合宿（5年） 校内留学（1〜3年）
1月	大学入学共通テストデータリサーチ
2月	適性検査
3月	卒業式 校内留学（1〜3年） 海外ボランティア研修（3・4年）

ださい。

【小林先生】 2012年度に完成した校舎のもと、1年生から6年生までが仲よく過ごしています。

日々の学習では「三鷹スタンダード」の達成に向けて、大学受験では志望校の合格に向けて、みんなが団結して、助けあいながら目標を達成しようとするチーム意識が強い学校です。

学校行事や部活動でも、下級生は上級生を慕い、上級生は下級生の面倒を見るという光景が日常的にあり、学校全体に家庭的で温かな雰囲気が漂っています。

Q 2020年度に実施された大学入試改革への対応はいかがでしょうか。

【小林先生】 新たな大学入学共通テストで問われる、ものごとを探究する力や教科横断的な学習力、プレゼンテーション能力やコミュニケーション能力などは、本校が教育目標として掲げる「社会的リーダー」になるために必要不可欠なものです。本校はこれらの力を伸ばす教育を、すでに創立当時から行っている実績がありますから、大学入試改革にも柔軟に対応することができています。

小学生の段階で大学入試を意識した学校選びはなかなかむずかしいと思いますが、6年間をつうじて一貫した教育が行える中等教育学校は、プラス面が多いのではないかと感じます。本校では年間18回の土曜授業をすべて公開していますので、ぜひふだんの授業を見に足を運んでいただきたいと思います。

Q 最後に、御校を志望する生徒さんへのメッセージをお願いします。

【小林先生】 主体的で明るく、他者を思いやる心を持った生徒さんを待っています。

本校では体験することを大切にしているので、さまざまな体験の場を用意していますが、「与えられた体験」よりも、「自分で一歩ふみだしてチャレンジした体験」の方が得るものは多いと考えています。たとえ失敗をしても、それをつぎの一歩につなげていけばいいのです。

ですから、失敗を恐れずに、未知なるものにどんどんチャレンジしてほしいですし、そうした経験を積むなかで、世の中に貢献できる、社会的リーダーに育ってくれることを願っています。

東京
神奈川
千葉
埼玉

東京都立 南多摩（みなみたま）中等教育学校

■中等教育学校
■2010年開校

「心・知・体」の調和のとれた人間教育

東京都立南多摩中等教育学校は、勉強だけでなく、学校行事や部活動も大変さかんな学校です。中等教育学校の最大の利点をいかした系統的な課題解決型のフィールドワークを中心に、生徒一人ひとりの進路実現につなげています。

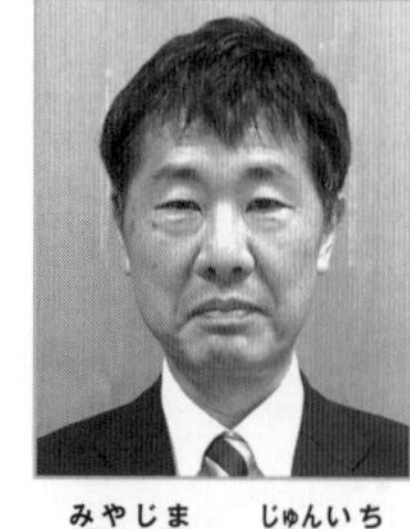

宮嶋（みやじま） 淳一（じゅんいち） 校長先生

学校プロフィール

開校	2010年4月
所在地	東京都八王子市明神町4-20-1
TEL	042-656-7030
URL	https://www.metro.ed.jp/minamitama-s/
アクセス	京王線「京王八王子」徒歩3分、JR中央線「八王子」徒歩12分
生徒数	前期課程 男子232名、女子249名 後期課程 男子228名、女子230名
1期生	2016年3月卒業
高校募集	なし
教育課程	3学期制／週5日制（土曜授業年18回）／50分授業
入学情報（前年度）	・募集人員　男子80名、女子80名　計160名 ・選抜方法　報告書、適性検査Ⅰ・Ⅱ

さまざまな力を育む 手厚い6年間

Q 貴校の教育目標「心を拓く 知を極める 体を育む」についてお聞かせください。

【宮嶋先生】 将来、生徒たちがどういう生き方をするかわかりませんが、どんな生き方であっても、その世界では海外の多様な人びとや文化とであい、競いあい、高めあいながら協働してなにかを成し遂げることのできるグローバルな人材が求められると思います。

そこで必要とされる基礎的な資質が、豊かな人権意識や高い志と広い視野を持つことです。それが、「心を拓く」ことにつながると考えています。

「知を極める」は、社会に貢献するための知識や技能だと思います。自ら課題を発見し、解決できる探究力だとも考えています。

そして「体を育む」では、生涯にわたって健康な生活をつづけるための健康習慣、運動習慣を身につけさせていきたいと思います。

Q 今年度より校長に就任されまし

たが、今後どのような生徒を育てていきたいですか？

【宮嶋先生】 中高時代は、いろいろな人と触れあい、高めあって成長していく時期です。そこで大切なのは、自分を大切にすること、そしてほかの人の大切さを認めることです。このような寛容さを身につけたうえで、夢や志を持ってチャレンジしつづけ、将来のグローバルリーダーとして社会貢献をめざす生徒を育てていきたいと考えています。

Q 貴校の6年一貫教育の特徴についてお聞かせください。

【宮嶋先生】 前期課程では、各教科の基礎基本の習得と意欲的に学習にのぞむ姿勢、家庭学習の取り組み方を身につけることを重視しています。

6年一貫という中等教育学校の特徴を最大限にいかして、発展的な学習を行うとともに、探究力を培うフィールドワーク活動にかかわる学習も教科のなかに取り入れて、生徒の思考力を高める授業を展開しています。

高校受験がありませんので、3年生の夏に接続テストを実施し、中学生段階として身につけるべき基礎内容の習得状況を確認して、後期課程の学習にスムーズに取り組めるように一人ひとりに応じた学習指導を行っています。

後期課程は、前期課程の生徒の理解度をふまえて、各教科、科目の学習が計画されています。これまでの取り組みに加えて、東京都教育委員会の指定事業等の取り組みも活用し、生徒一人ひとりが進路希望を実現できるように教育活動を展開しています。

4・5年生は共通科目を学び、キャリア教育を軸として、多彩な活動をとおして自分の進路を見つけていきます。6年生では、進路希望に応じて科目を選択し、より高度な学習に取り組んでいます。前期・後期ともに少し早い進度になっていますが、無理な先取り学習をするのではなく、中等教育学校の特徴を活用して、基礎力の定着と発展的な学習を行っています。

また、長期休業期間や放課後には、多くの補習や講習会を実施しています。卒業生をチューターとする放課後の自主学習を支援する制度もあり、生徒一人ひとりの学習到達度に合わせたサポートを行っています。

PICK UP!

1 気づき（課題発見力）を大切にするフィールドワーク活動

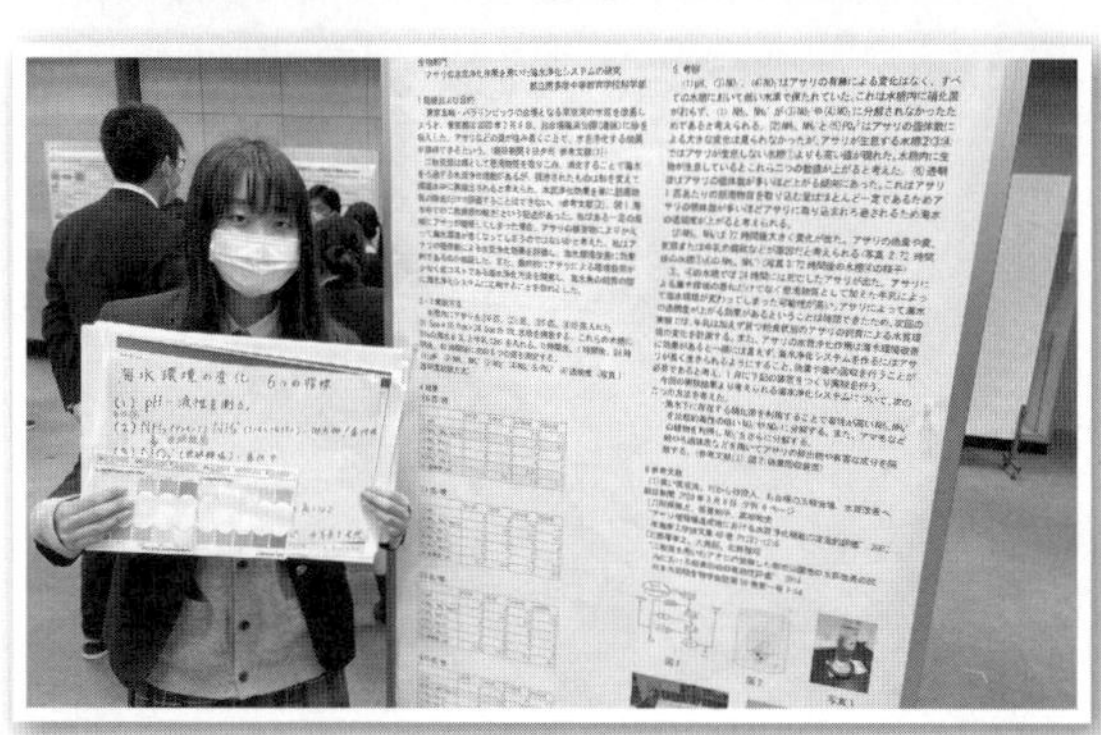

5年間をとおして、大学進学後も研究論文を書くことができるスキルを育成します。

1年生は八王子の街を中心とした「地域調査」をスタートし、2年生は「モノ語り」というタイトルで、たとえばスニーカーや刀など、それぞれ興味があるものについての取材・研究、3年生は仮説を立てて探究し、科学的に検証する「科学的検証」を行います。

4年生では、1～3年生で身につけた力をいかして「ライフワークプロジェクト」という個人での研究活動に取り組み、5年生で4000字の研究論文に著すことに挑みます。

そして3月には、各学年で外部のかたを多数招いて、成果発表会を開催します。

フィールドワーク活動（南多摩中等教育学校の探究活動）では、「気づき（課題を発見する力）」「情報収集・整理・分析する力」「論理的に思考する力」「発信する力」「評価する力」を培います。創造力に富んだ、未来に活躍するリーダーの資質を養うためです。

生徒のキャリアにつながる多様な活動の数々

Q 文科省から指定を受けた「WWL（ワールド・ワイド・ラーニング）コンソーシアム構築支援事業」※について、その取り組みを教えてください。

【宮嶋先生】 この事業の指定期間は昨年度までだったのですが、これまで生徒のキャリア形成とリーダーとして世界で活躍するイノベーティブなグローバル人材の育成をめざしてさまざまな取り組みを行ってきました。

オンラインを活用した交流も充実させることができ、モンゴルの「日馬富士高校」との交流では、それぞれの文化や生活について、将来の学びや留学について意見交換を行いました。また、ベトナムの高校とは、相互に自国文化を紹介する交流、イタリアの高校とは、SDGsについて英語で討論し、全8回にわたって共同研究を行いました。

これらの取り組みをとおして、生徒は、表現方法を工夫し、協力して問題を解決する力を身につけ、英語でのプレゼンテーションや質疑応答にも自信を持って取り組めるようになりました。今後もこのレガシーをいかして、さらにブラッシュアップした取り組みにしていきたいと思います。

昨年度はコロナ禍でオーストラリア研修旅行ができませんでしたが、今年度は7月の下旬に実施する予定です。オンライン交流も引きつづき行いますので、ハイブリッドな海外交流が今後も継続されていきます。

Q 探究（フィールドワーク）も活発に行われているようですね。

【宮嶋先生】 フィールドワークは、6年間のスパンで展開できる中等教育学校の強みをいかして、1年生から5年生まで、学年ごとにテーマを決めて系統的に取り組んでいます（上記参照）。

また、生徒による有志団体の活動も活発で、八王子市への政策提言をし、小学校への学習支援を実現した「LSEM」という団体や、給食の牛乳パックストローの廃止に取り組み、実際にストローを使わない牛乳パックを開発した「グローバル問題研究会」などがあり、社会に貢献する活動も行われています。

※　イノベーティブなグローバル人材を育成するため、高校などと国内外の大学、企業、国際機関が協働し、高校生へより高度な学びを提供する仕組みをつくり、そのネットワークを広げていくもの

例年のおもな学校行事

4月	入学式　遠足（5、6年） 宿泊防災訓練（4年）
5月	体育祭
6月	合唱祭
7月	オーストラリア研修旅行（4年）
8月	夏期講習
9月	文化祭 レシテーションコンテスト（1、2年）
10月	宿泊研修（1、3年）　関西研修旅行（2年） TGG（TOKYO GLOBAL GATEWAY）研修（5年）
11月	奉仕活動（4年）　職場体験（2年） 東京都立大学訪問（3年） スピーチコンテスト（3年）
12月	冬期講習
1月	百人一首大会（1、2年）
2月	マラソン大会（1～5年）
3月	TGG研修（3年）　成果発表会

Q ほかの特色ある教育にはどのようなものがありますか。

【宮嶋先生】 科目横断的な学びを実現するとともに多角的にものごとをとらえる視野を育成するため、文理融合型の学校設定科目を設置しました。

たとえば、3年生では、4年生で行う個人探究のためにデータ分析の基礎を学んでいます。5年生では、地理と地学を融合した地球探究、数学を英語で学ぶＭＩＥを設置しています。

6年生では、pensées（哲学）を設置し、公民科の必修履修科目である現代社会と連携した課題解決学習を行っています。

これらの取り組みにより、後期課程の研究論文の質のほかにも、英語活用能力、科学的に考察し活用する力や思考力が向上しています。

Q 部活動や学校行事についてお聞かせください。

【宮嶋先生】 本校には、体育祭・合唱祭・文化祭の三大行事「南魂祭」があります。5月には久しぶりに1年生から6年生までそろった体育祭を行いました。保護者も1000人ほど来ていただき、とても盛りあがった体育祭になりました。6月には合唱祭があり、秋の文化祭へとだんだんと気分が盛りあがっていき、その充実感が学習面や学校生活全般の充実にもつながっています。

また、本校は部活動も大変さかんで、太鼓部、薙刀部、陸上競技部、南多摩フィルハーモニーなどは、たびたび全国大会、関東大会に出場しています。

Q 最後に読者へメッセージをお願いします。

【宮嶋先生】 本校には、明るく素直で、志を高く持ち行動力のある生徒が集まり、日々切磋琢磨しています。教員はそれに応えて質の高い教育を展開しています。

フィールドワークや国際交流のイベントも多く、生徒自身が自分の考えをもとにさまざまな取り組みを行いやすい環境があります。ぜひ学校説明会にお越しいただき、自分自身で選んだ学校として、本校を受検していただければありがたいと思っています。

国際交流や探究学習に意欲を持って、将来のグローバルリーダーとしての資質を身につけたいみなさんをお待ちしています。

東京都立 武蔵(むさし)高等学校附属中学校

■併設型
■2008年開校

中高一貫の6年間で育てる 国際社会に貢献できる知性豊かなリーダー

南(みなみ) 和男(かずお) 校長先生

伝統ある東京都立武蔵高等学校の附属校として、2008年に産声をあげた武蔵高等学校附属中学校は、中高一貫の6年間を有効に使ったカリキュラムと進路指導で未来のリーダーを育てます。

幅広い教養教育で未来のリーダーを育成

Q 御校の沿革および、教育理念についてお話しください。

【南先生】 東京都立武蔵高等学校に附属中学校が設置されたのが、2008年度です。開校から16年目を迎え、今年、10期生が卒業しました。

教育理念として、幅広い教養教育の上に問題解決能力を育成するということを掲げています。

そして、都立武蔵高の理念を継承するかたちで「豊かな知性と感性」「健康な心と体」「向上進取の精神」の3つの教育目標を掲げています。

こういった教育理念、目標のもとで、「国際社会に貢献できる知性豊かなリーダー」を育てていきたいと考えています。

Q 御校のカリキュラムの特徴をお教えください。

【南先生】 本校は併設型ですので、都立武蔵高と連動して年間行事を組んでいます。また、中・高ともに発展的学習を取り入れていて、

学校プロフィール

開　　校	2008年4月
所在地	東京都武蔵野市境4-13-28
TEL	0422-51-4554
URL	https://www.metro.ed.jp/musashi-h/
アクセス	JR中央線・西武多摩川線「武蔵境」徒歩10分、西武新宿線「田無」・西武池袋線「ひばりヶ丘」バス
生徒数	男子227名、女子253名
1期生	2014年3月高校卒業
高校募集	なし
教育課程	3学期制／週5日制／45分授業
入学情報（前年度）	・募集人員　男子80名、女子80名　計160名
	・選抜方法　報告書、適性検査Ⅰ・Ⅱ・Ⅲ

上位学年の内容を先取りで学習します。たとえば数学などでは、高2の2学期でおおむね高2の内容を終え、3学期から高3の分野や問題演習に入ります。

授業では、将来の難関大学進学にも対応した教養教育を進めており、実践的で発展的な内容を多く取り入れるとともに、中学では地球規模の環境問題や社会問題を考える「地球学」という講座を設定しています。

また、高校では、道徳・奉仕・キャリアの一体化を大きな柱とし、地球上の諸課題を見出し、持続的な課題解決の方法と国際社会への貢献を模索する探究活動を展開しています。

Q 2021年度から高校募集が停止されました。それによって、1学年の募集人員やクラス編成はどう変わりましたか。

【南先生】 これまでは1学年120名を40名ずつ3クラスに分けていましたが、高校募集の停止によって2021年度入試からは、1学年の募集人員を160名に変更、クラスも40名ずつの4クラスになりました。

さらに高3から類系制で選択科目を設定し、理系の大学・学部を志望する生徒は理系科目を多く選び、文系の大学・学部を志望する生徒は文系科目を多く選ぶというかたちで分かれていきます。

Q 習熟度別授業や補習、土曜授業などは行われていますか。

【南先生】 3学年とも数学、英語で1クラスを2展開した少人数・習熟度別授業を取り入れています。

補習は考査や小テストのあとなどに実施していますが、毎朝始業前の10分間は朝学習・朝読書を行っています。生徒は、その時間に自分に必要な学習ポイントをチェックしたり、選んだ本を読んだりしています。

そして、本校では各教科でポートフォリオ課題をつくり、これに基づいた各単元ごとの水準を教師が各生徒にしめしています。定期考査でクリアできなかった場合には、課題や補講などで、学習のつまずきをできるだけ速やかに補充指導しています。

2022年度からは新しい教育課程がスタートしました。45分7限授業が開始されたことにともない、これまで年間20回程度行っていた土曜授業はなくなりました。

PICK UP!

1 教材はさまざま 環境問題や社会問題を学ぶ「地球学」

武蔵のユニークな取り組みのひとつに「地球学」があります。総合的な学習（探究）の時間を使い4年間で体系的に行われるもので、自然・人間・社会にかかわる内容を総合的にあつかい、さまざまな問題への解決法などを学びます。対象は「地球」に関することなので、森羅万象いろいろなことがらがテーマです。

中1では基礎講座として講義形式が中心となりますが、中2では発展講座として、より高度で専門的な知識を学んだりグループ活動を行ったりします。

中3では応用講座として「模擬国連」に取り組みます。また、SDGs課題研究や個人課題研究にも取り組み、1年間の成果を中間発表会で披露します。

高1は、地球学の集大成としての研究に取り組み、その内容を発表したり、サマリーを作成したりします。

地球学は地球規模の課題を「自分ごと化」することで課題解決に向けて学んでいく、武蔵の教育の軸となる取り組みなのです。

2 勉強の習慣づけや大学入試対策 節目で行われる行事

武蔵には中1のサマーキャンプを筆頭に、さまざまな宿泊行事があります。これらの宿泊行事をとおして生徒は学習習慣を身につけ、生徒同士のきずなを深め、大学入試へ向けた学力を養成していきます。

中1のサマーキャンプでは、体験学習や、キャンプファイヤーなどが行われ、自然のなかでクラスの友好を深めます。中2では農家に宿泊して田植えなどの農作業体験をする「結い」農業体験学習があります。中3の修学旅行では、京都・奈良の文化遺産に触れ、伝統文化を学びます。また、班別行動の計画を立て、実践することで自主自律の態度を養います。

高1ではスプリングセミナーがあります。これは、高校からの学習についての習慣をつける場として用意されたものです。

高2のウィンターセミナーは4日間で行われます。これは難関大学対策の学習で、この期間中に自分の限界まで挑戦することで真の学力を伸ばすことが目的です。

そのため、生徒は土曜日に模試や検定を受けたり、学校行事や部活動に打ちこんだりするなど、時間の使い方をそれぞれが考え、有意義に過ごしています。

また、放課後などは主要科目である国・数・英を中心に講習を行っています。それまでの学習の補習的なものと発展的なものの両方があり、さらに希望制と指名制の講習があります。

中3生には、中だるみを防ぐ目的で、夏休みに課題テストも兼ねて外部の模擬試験を行っています。高校から入ってくる生徒がどのくらいのレベルの問題を乗り越えてきているかということを実感してもらうのと、学年としてどのあたりの学習が足りないかをチェックして、2学期にその部分をフォローしていくためというふたつの意味があります。

キャリアデザインは6年を3段階に分ける

Q 進路・進学指導についてお教えください。

【南先生】本校としては、授業や行事など、学校生活のすべてがキャリア教育につながっていると考えており、具体的な進路指導としては、6年間を「基礎力養成期」（中1・中2）、「充実期」（中3・高1）、「発展期」（高2・高3）の3つに分けてキャリアデザインを行っていきます。

まず「基礎力養成期」から「キャリア・パスポート」や「学級活動ノート」を、6年間さまざまな機会に活用していきます。また、職業調べ、職場体験、「結い」農業体験など、自分の興味・関心はどこにあるかを知ることをおもな目的としています。

「充実期」は、蓄積されたキャリア・パスポートを使いながら、大学教授や企業人、卒業生などを招く進路講演会、大学へのキャンパス訪問などをつうじて自分の得意分野を見つけたり大学や学部を知ったりします。

そして「発展期」では、それまでの4年間をもとに、進路を選び取っていきます。

専門の講師による進路ガイダンスや模擬試験とその分析会、難関大学対策のためのウインターセミナー、大学入学共通テスト対策などを頻繁に行い、生徒が希望する進路を選び取れるようバックアッ

例年のおもな学校行事

4月	入学式　新入生オリエンテーション
5月	「結い」農業体験(中2)
6月	音楽祭
7月	サマーキャンプ(中1) キャンパス訪問(中3)
8月	
9月	文化祭　体育祭
10月	修学旅行(中3)
11月	職場体験(中2)　社会科見学(中1)
12月	
1月	漢字検定　英語検定
2月	マラソン大会
3月	卒業式　地球学発表会(中3)

プしていきます。

近年、国公立大学や難関私立大学への合格実績が大きく伸びているのは、こういった取り組みの成果だと思います。

中・高合同の3大行事　部活動も非常にさかん

Q 学校行事や部活動についてお話しください。

【南先生】 本校には「武蔵祭」と呼ばれる3大行事があります。

第1は音楽祭です。中・高合同で、中学生は高校生が歌うのを聞いて感心していますね。総合優勝は高校全クラスのなかから決まります。

第2は文化祭です。中学は学習成果の発表を行っています。中1はサマーキャンプ、中2は「結い」農業体験、中3では修学旅行の事前学習の発表をしたり、文化部に加入している生徒は、部ごとの発表にも参加します。

第3が体育祭です。中・高合わせて開催しており、中学生の種目は中学生の体育祭実行委員が、高校生の種目は高校生の実行委員が考えます。中・高ともに行う種目もあり、高校生と中学生が相談しながらつくりあげていますね。

部活動も非常にさかんで、兼部を含めて中学生の加入率が100%を超えています。他校の中学生は中3の夏休みぐらいで引退だと思いますが、本校は併設ですので、中3の後半からは長期体験入部として高校の方で部活動をすることができます。

Q 最後に受検生に向けて、適性検査についてのアドバイスと、メッセージをお願いします。

【南先生】 適性検査というのは、小学校での日常の学習をもとにして、そのうえで、図表などの資料から読み取ったことを自分の考えとして筋道立てて表現する問題が多いので、まず小学校の勉強を大切にしましょう。そして、日常で図表などの資料を見たときに、そこから自分の考えを書いて表現してみましょう。

受検生へのメッセージとしては、好奇心旺盛(おうせい)で人や世の中のことを考えようとする生徒さんに来ていただきたいと思います。さきほどの適性検査の部分でも触れましたが、ふだんからいろいろなことを考え、文章に表現する習慣をつけてみてください。

東京
神奈川
千葉
埼玉

東京都立 両国(りょうごく)高等学校附属中学校

■併設型
■2006年開校

考えを広く伝えられる力を養成し 高い「志」を実現するリーダーへ

独自のキャリア教育「志学」で生徒の探究力を養う東京都立両国高等学校附属中学校。多彩なカリキュラムで、コミュニケーション能力・論理的な思考力・表現力を伸ばし、社会のなかで自身の人生を切り拓ける人材を育成します。

金田(かねだ) 裕治(ゆうじ) 校長先生

自分で考えて行動し 学ぶ姿勢を身につける

Q 御校の校訓についてお教えください。

【金田先生】本校の校訓「自律自修」は「自らを厳しく律し、自ら進んで学ぶ」という意味の言葉です。生徒たちにはよりわかりやすいよう、自分で考えて行動し、学ぶ姿勢を身につけてほしいと話しています。

Q 2020年度に着任されてからの3年間、コロナ禍でさまざまなことが例年どおりでない状況でしたが、どのような思いで教育を進められましたか。

【金田先生】2020年の4月、5月の休校期間中は、Zoomを使ってホームルームや三者面談などを実施し、こまめに生徒たちのようすを確認していました。その際、非日常な事態に不安を感じる生徒たちの気持ちが少しでも和らぐよう、われわれ教員も生徒たちに会える日を心待ちにしていることを伝えつづけました。

休校期間が明けたあとは感染症

学校プロフィール

開　校	2006年4月
所在地	東京都墨田区江東橋1-7-14
TEL	03-3631-1878
URL	https://www.metro.ed.jp/ryogoku-h/
アクセス	JR総武線・横須賀線・地下鉄半蔵門線「錦糸町」徒歩5分、都営新宿線「菊川」、都営新宿線・地下鉄半蔵門線「住吉」徒歩10分
生徒数	男子218名、女子222名
1期生	2012年3月高校卒業
高校募集	なし
教育課程	3学期制／週5日制（土曜授業 年14回）／50分授業
入学情報（前年度）	・募集人員　男子80名、女子80名　計160名
	・選抜方法　報告書、適性検査Ⅰ・Ⅱ・Ⅲ

東京都立　両国高等学校附属中学校

対策を徹底しながら学年集会や学年ごとのレクリエーションなどを企画し、行事の多くが中止となってしまったなかでも、生徒たちができるだけ充実した学校生活を過ごせるように心がけています。2021年の6月には体育祭の代替行事で、伝統の演目「両中ソーラン」やリレーなどを密にならないよう学年ごとに行いました。

Q 2022年度から高校募集が停止となりましたが、教育内容に変更はありますか。

【金田先生】 大きく変更は行わず、教育課程や指導計画などを見直しています。たとえば、2019年に導入したSTEM教育[※1]については、今後は芸術（Art）の要素も取り入れたSTEAM教育にする予定です。

多彩な授業をつうじて3つの力を育てる

Q 御校の学習指導はどのように行われていますか。

【金田先生】 本校では6年間を「基礎学力定着期」（中1・中2）、「応用発展期」（中3～高2）、「確立期」（高3）の3つに大きく分けて指導しています。なお、中2からは少しずつ応用力も身につけるカリキュラムになっていきます。文系と理系に分かれるのは高3からで、それまでは幅広い教科を学習し、高3は文理それぞれで進路に沿って選択科目を履修します。

Q 御校の教育の特徴についてお聞かせください。

【金田先生】 本校では教育の柱として「言語能力の育成」「理科・数学教育の充実」「英語によるコミュニケーション」「志学（こころざしがく）―キャリア教育の推進」を掲げています。生徒はこの4つの柱を中心とした教育をつうじて、将来社会のなかでリーダーとして活躍するのに必要な、コミュニケーション能力・論理的な思考力・表現力を伸ばします。

英語は中1からオールイングリッシュで授業を展開し、「話すこと」に重点をおいた学習で国際的なコミュニケーション能力を養います。校内には5名の外国人講師がいるので、日常的にネイティブスピーカーの英語に触れられる環境です（70ページ・PICK UP!参照）。

中2の国語の授業では「考える国語」をテーマにディベートを行い、自分の意見をわかりやすく伝える力や論理的思考力を養成しま

※1　科学（Science）・技術（Technology）・工学（Engineering）・数学（Mathematics）の4教科を組みあわせて、さまざまな課題解決にいかす教育

PICK UP!

1 「英語の両国」ならではの教育で実践的な英語力をきたえる

「英語の両国」ともいわれるほど、英語教育に力を入れている両国。中学校の英語の授業は、ペアワークや場面会話など「話すこと」が中心です。中学校3年間はあえて習熟度別授業ではなく、英語が得意な生徒も苦手な生徒も同じ授業を受け、いっしょに英会話を行います。さまざまなことについて自由に英語で会話を交わすうちに、コミュニケーション能力はもちろん、発想力や表現力も伸ばせます。高校からは習熟度別授業で文法もていねいに学習し、大学入試の問題に対応できる力を養えます。

また、中3ではそれまでの学びの集大成として、アメリカで10日間の海外研修を行います。研修中は、現地の大学と連携した教育プログラムで、より英語力を磨くほか、ホームステイで異文化理解にも取り組みます。2020年度は残念ながら、新型コロナウイルス感染症の影響で中止となりましたが、2022年度は代替行事として国内語学研修を実施しました。

加えて、両国は東京都に「話す」「聞く」力に重点をおいた実践的な英語教育を行う「英語教育研究推進校」として定められているため、ALTは3人、常駐のJET※2はふたりと他校よりも多くの外国人講師が配置されています。生徒たちは校内で日常的に多くの外国人講師と接するうちに、自然とネイティブスピーカーの発音にも慣れていきます。その効果も実績として表れているそうで、中学校卒業時には生徒の85%以上が英検準2級以上、高校卒業時には約半数が英検準1級以上の英語力を有しているとのことです。

※2　地方公共団体が外国人の青年を雇い、日本の学校で英語やスポーツを教えたり、国際交流などのために働ける機会を設ける「JETプログラム」の参加者

す。1学期はディベートのルールや議論の進め方などを学び、実際にグループワークなどを行いながら感覚をつかんでいきます。2学期になると教員は見守るだけとなり、生徒たち自身で進行役も務め、クラス全体で賛成・反対、ディベートの内容について採点する係の3つに分かれて議論を深めていきます。ディベートをするなかで、生徒たちは自身の意見を相手に伝えるためにはどうすればいいのかを考え、同じく議題に対して賛成または反対している仲間の意見を集約し、より説得力のある意見になるよう熟考します。

中2の理科では「人と自然」というテーマで、ふだんの理科の授業で習う内容を「環境」と関連させて考える取り組みをしています。たとえば、地球温暖化が気候にどのような影響を与えているのかについて、最近のニュースで報じられた事例などから学びます。

Q 多彩な授業が展開されているのですね。生徒さんは学校の授業や家庭学習と課外活動をどのように両立していますか。

【金田先生】 生徒たちは勉強とそれ以外のことをする時間とで、気持ちを切り替えて両立させています。本校の授業は、基本的に始業のチャイムと同時に始め、終業のチャイムと同時に終わるように教員が意識して進めるため、生徒は学校生活を送るなかで自然と集中力が養われていき、メリハリをつけて勉強することが習慣化します。

加えて、完全下校時刻を他校より早い17時に設定することで、生徒が家庭学習の時間をじゅうぶんに確保できるように工夫しています。定期試験前や高3の受験期は、校内の自習室を17時以降も使用できます。

質問しやすく主体的に学ぶ姿勢が身につきやすい環境も、文武両道が実践できている要因のひとつだと考えています。たとえば、本校は職員室ではなく教科ごとに教員室があり、勉強でわからないことがあればその教科の教員室を訪ねればいいので、質問がしやすくなっています。さらに、それぞれの教員室近くの廊下にはテーブルが置かれており、そこでも教員にわからないことを質問することができるほか、教員に熱心に質問している上級生の姿が、それを見た下級生たちの学習に対する意識を

例年のおもな学校行事

4月	入学式
5月	遠足　校外学習
6月	体育祭
7月	林間学校（1年）　海外語学研修（3年）
8月	TGG英語研修（2年）
9月	文化祭
10月	
11月	職業人インタビュー（1年） 職場体験（2年）
12月	
1月	百人一首大会　卒業研究発表（3年）
2月	合唱コンクール
3月	芸術鑑賞教室　球技大会　卒業式

高める効果もあります。

「志学」をとおして探究力を養う

Q さきほど4つの柱のひとつとしてお話しされた「志学」についてお教えください。

【金田先生】「志学」は開校当初からつづけている、本校独自のキャリア教育です。道徳教育や中2の職場体験、中3の卒業研究などをつうじて、「志」を持ったリーダーを育成しています。

　中3の卒業研究では、はじめに研究の進め方を学び、生徒自身が興味のある内容について1年間かけて探究活動を行い、その成果をポスター発表で報告します。研究テーマは生徒が自由に設定できます。これまでにも、映画で用いられるコンピュータ・グラフィックス（CG）の効果的な使用方法の研究や、東京都をもっと発展させるためにはどうすればいいのかについての研究もありました。なかには大学で習う内容の「流体力学」の研究に挑戦した生徒もいました。

　高1・高2では、改めて研究手法を学ぶために、大学の名誉教授をはじめとするさまざまなゲストティーチャーを校内に招いて講演を聞きます。その後、中3の卒業研究の経験もいかしながら、より高度な探究活動を行います。

　なお、「志学」も高校募集停止にともない、6年間を見通した取り組みに変更する予定です。

Q「志学」をとおして生徒さんにどのような力を身につけてほしいと考えていますか。

【金田先生】生徒たちには「志学」をとおして、多くのものごとに対してつねに学びつづけられる探究力を養ってもらいたいと思います。高校卒業後の進路だけでなく、これから訪れる人生100年時代をどう過ごしていきたいかを考えながら学習してほしいです。

Q 御校を志望する生徒さんへメッセージをお願いします。

【金田先生】本校では、さきに話したように学力だけでなく探究力も養成しています。今後ますます発展し、目まぐるしく変化していくであろう社会のなかで、生徒たちにはここで学習したことを胸に、卒業後も自身の人生を切り拓ける力を持ったリーダーとして、高い「志」を実現してほしいと願っています。

神奈川県立 相模原(さがみはら)中等教育学校

■中等教育学校
■2009年開校

論理的に考え、人のために行動する 探究しつづけながら未来を探る

神奈川県立相模原中等教育学校は、「しっかり学び」「じっくり育て」「ゆっくり探る」をキャッチフレーズに掲げ、次世代を担うリーダーの育成に取り組んでいます。

藤原(ふじわら) 敬子(たかこ) 校長先生

学校プロフィール

開　校	2009年4月
所在地	神奈川県相模原市南区相模大野4-1-1
TEL	042-749-1279
URL	https://www.pen-kanagawa.ed.jp/sagamihara-chuto-ss/
アクセス	小田急線「相模大野」徒歩10分
生徒数	前期課程 男子242名、女子239名 後期課程 男子232名、女子225名
1期生	2015年3月卒業
高校募集	なし
教育課程	2学期制／週5日制／(前期課程)45分授業(7校時)、(後期課程)100分授業〔3校時〕＋50分〔1校時〕
入学情報	・募集人員　160名 ・選抜方法　適性検査Ⅰ・Ⅱ、調査書

相模原のキーワードは「しっかりじっくりゆっくり」「相模原メソッド」「探究」

Q 御校の教育目標について、お聞かせください。

【藤原先生】 本校の教育目標は「次世代を担うリーダーの育成」です。これからのリーダーには0から1を生みだす力が必要です。人を巻きこみ、人とともに粘り強く考え、行動を起こし、課題を解決しながらたくましく進んでいける人材を育てなければなりません。

本校ではすべての活動において「科学・論理的思考力」「表現コミュニケーション力」「社会生活実践力」を掲げ、その到達度を意識させています。どんな目標を掲げていても生徒自身がその目標を認識し、自身の変化に気づかなければ意味がありません。そういった点で「次世代リーダーの育成」と3能力はとてもよく浸透しています。また、実践手立てとして教科指導には「相模原メソッド」を確立しています。どの教員もこのメソッドに沿って授業内容を組み立てていくので、

東京　神奈川　千葉　埼玉

開校からずっと相模原中等の特色を守り、質向上に向け進んでいくことができています。

また、6年をとおした探究学習も目標実現の大きな手立てです。「かながわ次世代教養」として前期課程生ではIT、歴史・文化・伝統の調べ学習から地球環境についてのテーマ設定の探究学習にはいります。そして後期課程での「総合的な探究の時間」につなげ、知識を活用し、多角的に考え、解を探る学習へと深めていきます。後期課程に実施する研修旅行も探究学習として位置づけ、テーマ設定から行き先決定・旅行手配など3年生から生徒自身がかかわり、実施していきます。

Q コロナ禍を過ごされてどんなことを感じられましたか。

【藤原先生】 コロナ禍を経験したことで、思考が深くなり、きずなが深まったと思います。研修旅行が2度、本来のかたちで実施できませんでしたが、それ以外の行事はコロナ禍でも行いました。たとえば、2020年度の学校再開は6月となり、6月実施の体育部門にとっては致命的でしたが、10月に実施した文化部門のなかで体育部門を実施する案が生徒から提案されました。また、文化部門では各企画の入場者を制限できるよう入場券方式を取り入れ、廊下は一方通行、昼食はいっせいにするなど対策を考えるのは大変だったものの、その分、想像・創造力を身につけたと思います。コロナ禍では「言葉は減らせど、思考を深め、知恵を働かせ、なにがあっても自分たちの時間を邁進する」と生徒に伝えつづけました。今年度から制限を撤廃し、開催された定期演奏会や行事での生徒たちは自信に満ちあふれています。3年のトンネルをともに歩いた同士とその経験をいかし新たなものをつくり上げられるのは6年の中高一貫校ならではですから。今年の文化部門では、コロナ禍のオンライン手立てを活用した「CM大賞」が新たに企画されました。そしてコロナ禍で再確認できたものがもうひとつあります。それは「基礎期・充実期・発展期」の意味づけを生徒自身が自分のものにしたことです。さきの見えないコロナ禍では、一歩ずつ進むことが求められました。1、2年の基礎期ではものごとを正しくこなす「型」を身につけ、充実

PICK UP!

1 「STUDENT TASK」を携え、しっかり学び、じっくり育て、ゆっくり探る

相模原中等の教育目標は、「人格の完成をめざし、高い知性と豊かな人間性をそなえ、心身ともに健全な、次世代を担うリーダーの育成」です。人とのかかわりのなかで学び、自分が変わり、そして新しいことにチャレンジする。それによって問題を解決できるような人づくり、社会をよりよくしようという意識を育てる教育をめざしています。

６年間という大きなアドバンテージのなかで、多くの活動も取り入れ、しっかり学んでいきます。英語ではスキット暗唱、理科では数多くの実験があり、分析・考察して成果発表会も行います。日常的に繰り返される学習や体験でじっくり育ち、そして進路選択に向け、６年間を振り返りながらゆっくり自分探しをすることができます。しかし６年間だからこそ迷いを感じるときもあります。そのために「STUDENT TASK」を生徒モットーとし、相模原中等生としての自覚・意識をうながしています。

《STUDENT TASK》

1. Think logically（論理的に思考する）
2. Act globally（人のために行動する）
3. Search for the future（未来を探る）
4. Keep inquiring（探究〈自問自答〉しつづける）

2 主体的に進める探究学習「かながわ次世代教養」

１年生から６年間かけて、次世代を担うリーダーに求められる「科学・論理的思考力」「表現コミュニケーション力」「社会生活実践力」を体系的・断続的に学習し、自らが設定した課題を解決する探究学習を行います。

相模原中等では、この「かながわ次世代教養」を、前期課程で、「社会」「理科」「技術・家庭」「英語」の授業のなかで学びます。ICTを活用してプレゼンテーション能力を高めるとともに、「日本の伝統文化」や「地球環境問題」への理解を深めます。「英語コミュニケーション」では、英語で意見を述べたり、書いたりできることを目標とします。

後期課程での「総合的な探究の時間」につなげ、これまでの学習をふまえた探究活動を行います。知的好奇心を刺激し、将来にわたって学習しようとする態度を育成し、進路選択、大学での研究活動につなげていきます。

期には自分なりの付加価値をプラスして「自分型」にする。そしてその型を実践に変える「発展期」。自分の成長を自分で感じることがコロナに向きあう強い足取りに変わったと思います。

相模原メソッドから派生した教えあい、学びあい

Q 相模原メソッドの教育内容についてお教えください。

【藤原先生】 相模原メソッドは「読書・暗唱・ドリル」「発表・質疑応答・レポート」「探究・ディベート」「自由発言・自由質疑」という学習法です。表現活動をとおして、知識の定着や活用、思考力の育成をめざしています。生徒同士の切磋琢磨が生まれ、学習意欲を引き出します。

授業でクラス全体に向けてある質問をすると、生徒はその質問に対するいろいろな答えを自由に発表します。そして、その答えに対してまた質問したり、自分の意見を言ったりと、自由に発言を繰り返していきます。とくに前期課程の授業では、ワイワイといろいろな意見がでてきます。質問に答えることで思考が整理され、発表することで表現力が知らずしらずのうちに身についていきます。

また、このメソッドには協働力を育成する効果もあります。クラス内で合意形成させることで、学びあうことが日常に変わります。3年生からは廊下に「学び合いボード」を設置していますが、自主的に問いを出しあいながら全員で学習し知識をシェアしています。

Q 高大接続について、御校の取り組みをご紹介ください。

【藤原先生】 いまの生徒に求められているのは自分を客観視し、変容のプロセスを理解したうえで、自らの考えを、知識・技能を活用して表現することです。各授業では教科の考え方や見立てを整理し、思考・判断・表現の活動場面を多く取り入れています。

学校生活ではキャリア・パスポートを活用し、学習状況や学校行事、「探究」などを文字化させ、期ごとに振り返りを行い、自分の変容を自己評価できるようにしています。高大接続には、3能力がベースだと思いますので、その点で本校は先行していると思います。6年次に配置した自由選択の「探究」における課題解決力は、まさ

例年のおもな学校行事

4月	入学式 新入生オリエンテーション合宿（1年） 研修旅行（5年）
5月	社会見学（2～6年）
6月	蒼碧祭（体育部門）　出張授業（1年）
7月	
8月	インターンシップ（後期課程希望者） 海外研修旅行（4年希望者）　夏期講習
9月	蒼碧祭（文化部門）
10月	農業体験（2年） イングリッシュキャンプ（3年） ワンデイディベートプログラム（4年）
11月	
12月	芸術祭（合唱部門）　芸術祭（展示部門）
1月	
2月	
3月	前期課程 かながわ次世代教養成果発表会 後期課程 かながわ次世代教養成果発表会 球技大会　卒業式

に高大接続で求められるものです。

そのほかキャリア教育の一環ですが、社会人講話も大切にしています。本校では1年生から6年生までの全員を対象に同じ講師にお話をお願いしています。1年生のときにむずかしいと思った経験が、4年生から5年生で理解できるという経験に変わり、自分の変化に気づくのです。これは変容のプロセスに大きくかかわってくると思います。さらに5年生から5教科の模擬試験を実施します。授業以外のことも大きな気づきになりますので、大海をみることも大事だと思います。また、うまくいかないことをどうこなすかというメッセージもこめています。

未来を語り、人から学び　新しい自分に変わる

Q 生徒さんの学校生活のようすについてお聞かせください。

【藤原先生】 本校は行事も大変さかんで、生徒会活動も活発です。毎月、委員会の日というものがあり、すべての委員会が開かれます。蒼碧祭（体育部門・文化部門）や芸術祭（合唱部門・展示部門）は、1年から6年の実行委員の生徒がすべての企画をつくり上げ運営していきます。「社会生活実践力」にもなり、自分たちで学校生活をつくっているという満足感はとても大きいと思います。

また、本校には学校目標からつづく「生徒会目標」があり、生徒全員でビジョンを共有します。2023年度の生徒会目標は「変わらないために変わり続ける」。成長しつづける相模原中等を守るために自分たちは変わりつづける、という意味がこめられていて、これもまた、自分たちでつくり上げる意気込みなのでしょう。

毎年3年生修了時に全生徒の校長面談がありますが、みんなしっかり話してくれます。いろいろな機会をとおして考え、答えを探しつづける生徒たちです。

Q 生徒さんには、どのような6年間を過ごしてほしいですか。

【藤原先生】 相模原中等生としての自信と自覚を持って日々過ごしてほしいと思います。未来を語りながら学び、人から学ぶ。失敗を恐れず新しいことにチャレンジして、新しい自分になっていく。そして日常すべてに感謝して、充実した6年間を過ごしてほしいです。

神奈川県立 平塚中等教育学校

■中等教育学校
■2009年開校

失敗を恐れずに 何度でも挑戦する勇気を持ってほしい

松本 靖史 校長先生

次世代のリーダーとして社会に貢献できる人材の育成に取り組む神奈川県立平塚中等教育学校。つぎのステップに向けて探究活動の充実やキャリア教育の見直しが行われています。

学校プロフィール

開　　校	2009年4月
所在地	神奈川県平塚市大原1-13
TEL	0463-34-0320
URL	https://www.pen-kanagawa.ed.jp/hiratsuka-chuto-ss/
アクセス	JR東海道本線「平塚」バス10分徒歩7分または徒歩30分、小田急線「伊勢原」バス18分徒歩5分
生徒数	前期課程 男子230名、女子249名 後期課程 男子234名、女子229名
1期生	2015年3月卒業
高校募集	なし
教育課程	2学期制／週5日制／（前期課程）45分授業、（後期課程）50分授業／年次進行型単位制
入学情報	・募集人員　160名
	・選抜方法　適性検査Ⅰ・Ⅱ、調査書

地球規模の課題解決へ 社会に貢献できる人材の育成

Q 御校の教育方針についてお聞かせください。

【松本先生】本校のスクールミッションのなかに、「思いやりの心を持ち、自ら進んで未来を切り拓く意欲や行動力あふれる、豊かな人間性とリーダーシップを備えた次世代を担うリーダーを育成する」という一文があるのですが、これが私の考える本校の教育方針です。この目標を実現するために「表現コミュニケーション力」「科学・論理的思考力」「社会生活実践力」の育成に取り組んでいます。

また、教育理念として開校時より3つのL「生きる（Live）」「慈しむ（Love）」「学ぶ（Learn）」を掲げていますが、これはリーダーに求められる資質であり、いつの時代も変わらぬ普遍的なものではないかと思います。

Q 今年度より校長に就任されましたが、今後、どのような生徒さんを育てていきたいですか。

【松本先生】スクールミッションに

「よりよい社会の構築に貢献する意欲や資質・能力を備えた人材を育成する」とあるように、社会に貢献したいと考える生徒を育成していきたいと考えています。公立の中等教育学校ですから、そこはいちばん大事にしなければいけないところだと思います。

　4月の始業式のあいさつでは、生徒たちに「公平・公正」性について1年間をとおして考えてほしいという話をしました。これもリーダーに求められる資質だと思います。3つのLを根底におき、独りよがりになるのではなく、みんなと協働して地球規模の課題を解決できるような人になってほしいです。

Q 校長に就任されて、なにか新たな取り組みは始められましたか。

【松本先生】 今年度から、学校設定教科・科目である「かながわ次世代教養」を、いまの時代にあった内容に少しずつ見直していくことを考えています。

　まず前期課程の「かながわ次世代教養」をいま以上に充実させていきます。取り組みとしては、2年生の「地球環境」の分野で、平塚市と協力して地元の商店街とともに、SDGsを意識しながら地球規模の課題を見つけて、解決方法を探るような探究活動を行っていきます。そして、これらの取り組みを英語で発信していけるようになれば、「かながわ次世代教養」で行っている「英語コミュニケーション」と関連づけられた取り組みになっていくと思います。

　こうした改善の目的には、前期課程の「総合的な学習の時間」と後期課程の「総合的な探究の時間」をうまく連結して進めることにあります。また、そのさきにある大学の総合型選抜にもうまくつなげられればと思っています。

Q 教育カリキュラムに変更などはありますか。

【松本先生】 基本的に大きな変更はありません。

　2学期制で、前期課程（1〜3年）は45分授業で1日7時間、後期課程（4〜6年）は50分授業の年次進行型単位制です。また、6年間を「基礎・観察期」（1・2年）、「充実・発見期」（3・4年）、「発展・伸長期」（5・6年）の3期に分けて、それぞれの成長段階に合わせた取り組みを行っています。

PICK UP!

1 「平塚中等3＆2」をバランスよく身につける「かながわ次世代教養」

「かながわ次世代教養」は、神奈川の地域の特性をいかしつつ、地球規模で環境や歴史文化、科学技術などを考える視点を持ち、適切に情報を活用し、未知の事態に的確に対応していく力を育成する目的で設置された学校設定教科です。「IT活用」「地域環境」「伝統文化・歴史」「英語コミュニケーション」を中心に、段階をふみながら体系的に学んでいきます。

平塚中等では、この教科を週2時間設置し、1～3年生では1時間を「英語コミュニケーション」、もう1時間を、1年生は「IT活用」、2年生は「地球環境」、3年生は「伝統文化・歴史」の時間にあてています。「IT活用」では自分でプログラミングをしてロボットを制作。「地球環境」では、SDGs関連の調べ学習などを行っています。「伝統文化・歴史」では、地元の相模人形芝居を体験、平塚市の歴史的遺構を東海大学と連携しながら見学し、「かまくら探訪」などの体験学習を実施しています。そして3年生の研修旅行の事前学習として京都の伝統文化や広島での平和学習、研修後には新聞を作成することで振り返り学習も行っています。そして4年生以降では、自ら課題を設定・探究し、最終的には、6年生の卒業論文にまとめていきます。

2 平塚中等の表現力育成の柱「英語コミュニケーション」プログラム

1年生では希望者対象のイングリッシュワークショップを実施。専門的な英語トレーニングプログラムを3日間行い、最終日には英語プレゼンテーションに取り組みます。2年生ではイングリッシュキャンプ（2泊3日）があり、外国人講師のもと、すべて英語での生活を行い、「英語シャワー」を体験します。3年生の希望者を対象としたイマージョンプログラムでは、都内で1日英語漬けのプログラムを体験し、4・5年生の希望者対象のエンパワーメントプログラムでは、日本に来ている留学生と小グループをつくって意見交換を行います。

さらに4・5年生には希望制のイギリス語学研修も用意されていて、約2週間のホームステイで現地の人びとと交流します。集大成として5年生の海外研修旅行があり、1年生から6年間をつうじて英語力を磨いていきます。

3年生以降は、数学・英語で習熟度別や少人数授業を取り入れ、5年次では、理型・文型に分かれて2クラス3展開の習熟度別授業なども行っています。

また、グループで問題を解きながら協働して学ぶ授業が全学年をとおして当たり前になっています。今後は、各教科が求める姿をさらに明確にしめしていきたいと考えています。そのうえで、「表現コミュニケーション力」「科学・論理的思考力」「社会生活実践力」の育成に取り組んでいきます。

キャリア目標を共有し 高いレベルの進路実現へ

Q 御校のキャリア教育についてお聞かせください。

【松本先生】 今年度、キャリアグループでは、3期それぞれで、達成したい生徒の姿を考えました。

まず「基礎・観察期」に達成したい生徒像は、自学の習慣を身につけ、すべての教科に真摯に取り組み、将来の可能性を広げるとともに、そのなかから自分の興味関心を見つけることです。

「充実・発見期」では、すべての教科の基礎基本を身につけたうえで、進路についての関心と大学の学部学科の知識を持ち、多様な可能性のなかから自分の将来像を描くことです。「総合的な探究の時間」とキャリア教育を関連づけることで将来の進路が決まれば、より学習へのモチベーションが上がるはずです。

最後の「発展・伸長期」では、大学・学部についてじゅうぶんに理解し、進路を具体的に定め、進路実現に向けて最後まで努力しつづける生徒を育成していくことです。

この目標を全教員と生徒が共有し、いま以上に充実した進路指導ができるようにしていきたいと思います。中等教育学校ですので各学年の目標がほかの公立高校と比べると1年前倒しになっていることから、この目標が達成できれば、高いレベルで進路実現ができるのではないかと思います。

そして、これらの取り組みでいちばん大切なことは、いかに自分から進んで学習を行うことができるかだと思っています。それができるようになれば、探究も教科の学習も受験もすべてうまくいくのではないでしょうか。

Q 学校行事や部活動のようすをご

例年のおもな学校行事

4月	入学式 オリエンテーション合宿(1年) 勉強合宿(4年)
5月	かながわ歴史探訪(2年) かながわ探究(3年)
6月	翠星祭体育部門
7月	
8月	イングリッシュサマーワークショップ(1年) イマージョンプログラム(3年) エンパワーメントプログラム(4・5年)
9月	芸術鑑賞(1～3年)
10月	翠星祭文化部門(1～5年)
11月	かながわ探究(1～2年)、地域貢献デー
12月	相模人形芝居(1年)　イングリッシュキャンプ(2年)　研修旅行(3年：国内、5年：海外)　合唱コンクール(1～5年)
1月	百人一首大会(1～3年)
2月	
3月	歩行大会(1～5年) イギリス語学研修(4・5年)

紹介ください。

【松本先生】「翠星祭」(体育部門・文化部門)などの学校行事は、新型コロナウイルス感染症も落ちついた状況にあることから、今年度から通常どおりに戻していこうと思っていますが、なんのために、どんな力をつけるために、その行事を行うのかという「意義」をしっかりと確かめながら実施していきたいと思います。

また、部活動・同好会は全部で22あり、吹奏楽部、囲碁部、山岳部、テニス部、弓道部、科学部などが活躍しています。前期課程では山岳部や弓道部が人気のようです。

Q そのほかの取り組みでご紹介したいものはございますか。

【松本先生】 本校は開校からまだ15年目の歴史の浅い学校ですが、卒業生もある程度輩出していますので、歴史ある伝統校のように、先輩から後輩へというよい流れをつくっていきたいと考えています。いまはスチューデントメンターとして上級生が下級生の相談に乗るなどしていますが、上級生が下級生のロールモデルとして、活躍する場面をもっと多くつくることが必要だと思っています。

4月に実施した勉強合宿(4年)では、2期・3期・6期の卒業生が参加し、いろいろな話をしてもらいました。今後はどんどん卒業生にも力を貸してもらおうと思っています。

Q 御校を志望されている生徒さんへメッセージをお願いします。

【松本先生】 本校のアドミッションポリシー(入学者の受入れに関する方針)として明確に定めていることのひとつに、「失敗を恐れず、何度でも前に踏み出すことができる生徒」という項目があります。

これからみなさんが生きていく先行き不透明な時代では、いろいろなことに主体的に挑戦していかなければなりません。その挑戦は成功するとはかぎらず、たとえ失敗したとしても、つぎはちがう方法で何度も挑戦を繰り返しながら、最善の方法を選んでいくことになります。

学校では何度失敗してもかまわないので、失敗を恐れずに自分の興味があることに、どんどん挑戦してください。たとえ失敗したとしても、それを乗り越えることが成長の糧になるはずです。

東京
神奈川
千葉
埼玉

横浜市立 南高等学校附属中学校

■併設型
■2012年開校

「高い学力」と「豊かな人間性」をバランスよく育てる

今年度、開校から12年目を迎えた横浜市立南高等学校附属中学校。独自につくり上げた特色あるプログラムで、自ら考え、自ら行動できる自主自立の精神を養っています。

遠藤（えんどう） 広樹（ひろき） 校長先生

学校プロフィール

開　校	2012年4月
所在地	神奈川県横浜市港南区東永谷2-1-1
TEL	045-822-9300
URL	https://www.edu.city.yokohama.lg.jp/school/jhs/hs-minami/
アクセス	横浜市営地下鉄ブルーライン「上永谷」徒歩15分、京急線・横浜市営地下鉄ブルーライン「上大岡」・横浜市営地下鉄ブルーライン「港南中央」バス
生徒数	男子234名、女子245名
1期生	2018年3月高校卒業
高校募集	あり
教育課程	3学期制／週5日制（月1回程度土曜授業実施）／50分授業
入学情報	・募集人員　160名
	・選抜方法　適性検査Ⅰ・Ⅱ、調査書

EGGからTRY&ACT 将来の目標を見つける

Q 御校の教育理念についてお聞かせください。

【遠藤先生】本校の教育理念は、「知性・自主自立・創造」で、これは中高共通です。勉強だけではなく、中高の成長過程のなかで、さまざまな学びを深めることが、あくなき探究心へとつながっていきます。その際、本校が生徒に求めるのは、「自ら考え、自ら行動する」姿勢です。当然それは、そのさきの「未来を切り拓く力」へとつながっていくからです。

本校では、日々の学校生活のさまざまな場面で綿密に計画された教育課程に基づき、自主自立をキーワードに、6年間をかけて「高い学力」と「豊かな人間性」をバランスよく育成していきます。

Q 校長先生は、生徒さんにどのような印象を持たれていますか。

【遠藤先生】明るく素直な生徒が多いというのが最初の印象です。入学したら、こんなことに取り組んでみたいとか、こんなことに挑戦

してみたいという明確な目的を持っている生徒が多くいると感じました。開校から12年目を迎えたこともあり、本校の取り組みが周知されてきたのではないかと思っています。そういう意識の高い生徒をこれからさらに成長させていかなければいけないので、大きな責任を感じています。

生徒には、高い学力をつけるためにも、まずは学習習慣をしっかり確立すること、そして学校行事や部活動などのさまざまな場面で仲間と力を合わせて協働して学ぶ姿勢を大切にしてほしいと、よく話をしています。

Q 御校独自の教育プログラムについてお聞かせください。

【遠藤先生】 今年度も月曜日から金曜日に週1時間、土曜日は月1回、総合的な学習の時間としてEGG（82ページ・PICK UP!参照）を実施しています。

このEGGは、開校時から実施しているオリジナルプログラムで、「世界を幸せにする第一歩」を中学の大テーマとしています。このような活動を主体的に行うなかで、自分たちが生きていく社会の課題を解決または改善するにはどういった取り組みができるだろうか、という視点で考えるように生徒には指導しています。

この総合的な学習の時間を、高校では「TRY&ACT」として、とくに探究活動に力を入れて行っています。高校ではかなり早い段階から課題探究型の学習に取り組んでいましたが、附属中の1期生が高校1年に上がる2015年に、スーパーグローバルハイスクール（SGH）の指定を受けたのを機に、高校での探究活動がさらに活発になりました。現在は、SDGsを前面にだした探究活動を行っています。

探究の成果を大学入試に活用する生徒もいれば、これまでの探究で自分の進路が明確になり、将来の進路を決めた生徒もいますので、このEGGからTRY&ACTの探究活動が本校のキャリア教育の柱になっていることはまちがいありません。

進路指導においても「妥協をしない進路選択」をキーワードに、一人ひとりが目標を高く持ち、仲間といっしょに粘り強く第1志望に向かってがんばろう、という指導を徹底しています。

PICK UP!

1 「EGG」と呼ばれる「総合的な学習の時間」

南高附属中では総合的な学習の時間を「EGG」と呼んでいます。「EGG」とは「Explore…さがす（学びの追究、課題さがし）」、「Grasp…つかむ（自己の可能性の発見、他者との学びによる確かな理解）」、「Grow…のびる（継続的な人間性の成長）」の頭文字をとったものです。

そこには、中学校の3年間を卵が孵化するまでの過程に見立て、身につけた力を高校で発揮し、卒業後に大空に羽ばたいてほしいという学校の思いがこめられています。

「EGG」でめざされているのは、「『豊かな心』『高い学力』を育成し、自分の力で将来を切り拓く力を育てる」ことです。そのために「EGG体験」「EGGゼミ」「EGG講座」という3つのプログラムが用意されています。

「EGG体験」には、プロジェクトあしがらアドベンチャー21、構成的グループエンカウンター研修、コミュニケーション研修といったプログラムがあります。これらは、人間関係づくりやコミュニケーション能力の育成を目的としたものです。クラスメイトや同学年の仲間と協力しながら課題のクリアをめざしていくなかで、コミュニケーション能力が養われます。イングリッシュキャンプやカナダ研修旅行などの国際交流活動もEGG体験の一環として行われています。

「EGGゼミ」では、「課題発見・解決能力」「論理的思考力」を育成する多様な言語活動（調査、研究、発表活動）が実施されます。中3での卒業研究に向け、中1は資料収集、インタビュー、ポスターセッションなどをとおして調査、研究、まとめ方の基礎的なスキルを身につける学習をし、中2ではものの見方を広げ、多様な表現形式を学びます。そして中3では一人ひとりが卒業研究を行います。

「EGG講座」は、幅広い教養と社会性を身につけ、将来の進路への興味・関心を引き出すための多様な講座です。「必修講座」と「選択講座」が用意され、「必修講座」には「JAXA宇宙開発講座」「弁護士による法教育講座」「消防士による防災講座」、「選択講座」には「JAXA相模原キャンパス講座」「NCN（米国大学機構）海外留学講座」など独自の講座が多数開講されています。

EGGで培われた力は、高校進学後、総合的な探究の時間「TRY&ACT」でさらに高められていきます。

学力向上と人間性を高める魅力ある取り組み

Q 英語学習の「ラウンド制」とは、どんな学習方法でしょうか。

【遠藤先生】「ラウンド制」とは、1年間で教科書を繰り返しあつかう学習方法です。ただし、同じことを繰り返すのではなく、取り組み方を変えながら教科書の最初から最後まで一気に進めます。

たとえば教科書に8のユニットがある場合、最初の「ラウンド1」では、1から8のすべてのユニットについて、まずはイラストを見ながら何度も英文を聞かせてインプットしていきます。そして「ラウンド2」では、またユニット1に戻り、今度は音と文字の一致を目的として、ユニット8まで進みます。そして「ラウンド3」で音読、「ラウンド4」、「ラウンド5」で書く、話す活動を重点的に行います。これにより4技能が自然と身につき、最終的には自分の言葉で自己表現ができる生徒の育成をめざしています。

この「ラウンド制」による英語力の安定感は大学受験でかなりのアドバンテージになっているのも事実ですが、大学に入ってからもとても役に立っているようです。現在、3期生から6期生までが大学で学んでいるのですが、その生徒たちが、ラウンド制で身につけた英語力が大学での研究にとても役に立っていると話してくれています。こうした特色ある取り組みができることが中高一貫教育校の強みだと思います。

Q 具体的にはどのような授業形態なのでしょうか。

【遠藤先生】開校当初から主体的・対話的で深い学びをめざして、「問い」を大事にしたアクティブラーニング型の授業を展開しています。教員からの一方的な授業ではなく、「問い」について自分やグループで調べて書いて、意見を述べることで、人の話を聞く力、自分の考えをまとめ再構築する力、さらに発表する力などが身についていきます。

また、どの教科でも横断的にアクティブラーニング型の授業が展開できるように、生徒のペアや席の配置などをすべて事前に決めていて、効率的に授業が行えるように工夫しています。小学校でもさかんに話しあい活動が行われてい

例年のおもな学校行事

4月	入学式　校外体験学習 プロジェクトあしがらアドベンチャー21 構成的グループエンカウンター研修(中1)
5月	生徒総会 コミュニケーション研修(中1) 体育祭
6月	合唱コンクール
7月	英語集中研修(中1)
8月	英語集中研修(中2・中3)
9月	南高祭(舞台・展示の部)
10月	イングリッシュキャンプ(中2) カナダ研修旅行(中3)
11月	コミュニケーション研修(中1)
12月	
1月	百人一首大会
2月	構成的グループエンカウンター研修(中1)
3月	卒業式

ますので、中学1年生から主体性を持って授業に積極的に取り組んでいます。

「高い学力」「豊かな人間性」をバランスよく身につける

Q　そのほかの学校生活についてお聞かせください。

【遠藤先生】本校は併設型の中高一貫教育校ですので、高校から38名の生徒が入学してきます。5クラスに7～8名ずつ新しい仲間が増え、高入生はそれぞれの中学校で異なる経験をした生徒たちなので、中入生にとってもよい刺激になっています。

部活動もさかんです。EGGの卒業レポートや日々の学習もありますが、中学3年から高校1年へと継続してつぎのステップへ進んでいけるのも本校の強みではないかと思います。一昨年は、科学部の生徒が、第65回日本学生科学賞の中央審査で日本科学未来館賞を受賞しました。

今年も昨年に引き続き午前・午後に分かれて、中学と高校の体育祭を実施しました。生徒たちがとてもうれしそうに、いきいきとして体育祭に取り組んでいるようすが、大変印象的でした。

また、新型コロナウイルス感染症の感染症法上の位置づけ変更後に復活した合唱コンクールは、学校外のホールを借りて行いました。今回も中学1年から高校3年まで全員が参加し、とても楽しい1日を過ごしました。

Q　御校を志望する生徒さんにメッセージをお願いします。

【遠藤先生】本校は自らを成長させるチャンスがたくさんある学校です。そのチャンスを主体的につかみ、いかしていってほしいと思います。そして「高い学力」と「豊かな人間性」をバランスよく身につけてください。

南高附属中で学んだ卒業生が社会人となり、本校に教員として戻ってきてくれました。本校の教育をつぎの世代に伝えてくれることは、とてもうれしいことです。

本校に入学すること、そして卒業後の進路実現をはかることもひとつの目標ですが、本校で学ぶ目的をしっかりと持って入学してほしいと思います。

みなさんの将来の目標をしっかりと見据えて、学びつづける生徒を育てていきます。

横浜市立

横浜サイエンスフロンティア高等学校附属中学校

■併設型
■2017年開校

未来の「サイエンスエリート」を育てる 新しい中高一貫教育がスタート

2017年4月、「サイエンス」を武器に活躍する人びとを輩出する横浜市立横浜サイエンスフロンティア高等学校の附属中学校が開校。未来の「サイエンスエリート」を育てる新しい中高一貫教育がスタートし、今春には1期生が卒業しました。

藤本 貫也 校長先生

"ほんもの"を体験し「驚きと感動」を得る

Q 中学校設立の背景についてお聞かせください。

【藤本先生】横浜市立横浜サイエンスフロンティア高等学校は2009年に開校し、今年15年目を迎えました。教育理念は、「先端的な科学の知識・智恵・技術、技能を活用して、世界で幅広く活躍する人間の育成」です。サイエンスの考え方や、グローバルリーダーの素養を身につけさせ、それらを武器に世界中の人たちとコミュニケーションを取りながら活躍できる人材を育てています。生徒たちは恵まれた環境のなかで伸びのびと成長し、良好な大学進学実績だけでなく、卒業後もサイエンス分野の研究を中心にさまざまな成果を生みだしています。

こうした順調な歩みを早期から進めることが、中学校設立のねらいのひとつです。また、中学3年間でベースを築いた生徒たちが高校へ上がり、高校から入ってくる生徒たちと融合することで生まれ

学校プロフィール

開校	2017年4月
所在地	神奈川県横浜市鶴見区小野町6
TEL	045-511-3654
URL	https://www.edu.city.yokohama.lg.jp/school/jhs/hs-sf/
アクセス	JR鶴見線「鶴見小野」徒歩3分
生徒数	男子119名、女子121名
1期生	2023年3月高校卒業
高校募集	あり
教育課程	3学期制／週5日制／50分授業 (一部2時間連続授業あり)
入学情報	・募集人員　80名
	・選抜方法　適性検査Ⅰ・Ⅱ、調査書

る効果にも期待しています。

Q 御校がめざす教育についてお教えください。

【藤本先生】 本校がめざすのは、「サイエンスエリート」の育成です。ここでいうサイエンスとは、幅広い分野においてものごとを論理的に考えることを意味します。文・理を超え、政治、経済、医学、薬学などあらゆる分野で役立てられる力です。

さまざまな場面で本校が提供する〝ほんもの〟に触れることで、こうした力を身につけて、科学技術の進歩を支え、横浜、さらには、日本、世界に貢献し、世の中を切り開いていこうとする、そういう人材をサイエンスエリートと呼び、その育成を日々めざして教育活動を行っています。

すでに研究機関や企業で働いている卒業生も多くでており、彼らの活躍はもちろん聞いていますが、なによりうれしいのは、彼らが社会で培っているその知見を、在校生に還元したいと考えてくれていることです。

先日も本校のOB会・蒼煌会（そうこうかい）の代表メンバーが来て、「ここで経験してきたことが、いまの自分たちの役に立っている。その分を生徒たちに還元したい」と言ってくれました。これまでも卒業生には、進路指導のプログラムなどで登壇してもらったりと協力はしてもらっていましたが、そうではない、新しい支援・協力のかたちを現在話しあっているところです。

サイエンスエリートとして、日本、世界のためにがんばる一方で、後輩たちにも協力したいという気持ちを持ってくれていることが大変うれしいですね。

学びを深く掘り下げ 知識を智恵に変える

Q カリキュラムにはどんな特色がありますか。

【藤本先生】 最大の特色は、授業時間数が多いことです。標準と比べ、中学3年間で国語・数学は140時間、英語は105時間、理科は35時間多く学べます。時間数が多い分は、新しい知識を先取りするのではなく、学んだ内容を深く掘り下げるのにいかします。なぜなら、本校は知識量を増やすことより、知識を智恵に変えるサイクルを重要視しているからです。

また、その手法のひとつとして、

PICK UP!

1 自由に自分を開拓する時間「フロンティアタイム」

「フロンティアタイム」は、教科の授業ではなく行事でもありません。生徒一人ひとりが主体的に自分自身を開拓する時間です。生徒自身が興味・関心のあるテーマを選択し、「フロンティア手帳」に記入した計画をもとに進めます。たとえば、プログラミングを勉強する生徒もいれば、生物や植物を育てる生徒、図書館で調べものをする生徒もいる、といった時間です。なかには、「フグを2匹捕まえてきて、環境のちがいによりどんな成長のちがいが見られるか」というユニークな実験を行う生徒も。テーマ決めから進行まで、自ら積極的に取り組みます。担任は面談をとおして相談に応じますが、指示・指導などは行いません。この時間の最大の目的は、生徒の自立をうながすことです。ゆっくり時間をかけて自分と向きあったり、周囲を見渡したりすることで、多様な社会を知り、多様な価値観に気づくことができます。また、自分を開拓することは、キャリア形成にもつながります。生徒各々がこの時間を自由に活用し、未来の自己実現へとつなげていくのです。

2 5つの力を段階的に高める「サイエンススタディーズ」

「サイエンススタディーズ」は、いま世の中から求められている読解力・情報活用力・課題設定力・課題解決力・発表力の5つの育成を目的とした、課題探究型の学習です。「日本を知る」を共通テーマに、校外研修を交えながら段階的に進めます。

まず、中学1年生は科学館、博物館、近隣工場の見学や城ヶ島地層観察のフィールドワークを体験します。そして、それらをとおして発見した課題に基づいて、個人研究のテーマを検討します。

つぎに、2年生になると、「エコアイランド」をめざす宮古島での宿泊研修をとおして、課題意識を高めたり、視野を広げたりしたうえで、本格的な個人研究に取りかかります。ここで研究の基礎を身につけるのです。

最後に、3年生になると、チームで協働研究を行います。国内研修旅行においては、研修先の学校で研究内容を発表。その後、高校で行われる「サイエンスリテラシー」へいかしていきます。

「DEEP学習」を取り入れています。「DEEP」とは、ものごとを正確にとらえて考察し討議する「Discussion（考察・討議）」、仮説を立てて論理的に実証する「Experiment（実験）」、フィールドワークなど実体験から学ぶ「Experience（体験）」、自分の考えや意見を正確に相手に伝える「Presentation（発表）」の頭文字を取ったもの。基礎基本の知識をもとに思考を働かせ、自らの考えを発表し、仲間と協働する力、改革が進む大学入試に耐えうる力を身につけていける授業が展開されています。

さらに、生徒が自らを開拓する時間「フロンティアタイム」や、課題探究型の学習「サイエンススタディーズ」（上記参照）も大きな特色となっています。

高校では、課題探究型授業として「サイエンスリテラシー」があり、大学教員や企業の研究部門のかたのサポートのもと、生命科学をはじめとした先端分野6分野が学べます。

コロナ禍で現地におもむいての「ほんもの体験」ができなくなっていましたが、今年からは元のかたちでできるものはなるべくやっていこうと動いています。中2での「サイエンススタディーズ」の宮古島宿泊研修も再開しました。

まだすべてが元通りとはいきませんが、コロナ禍でもオンラインを用いて従来からの連携先とも関係をつないできていましたので、それも非常に大きいです。オンラインも引きつづき有効活用しながら、生徒によりよい体験を提供していきます。

Q カリキュラム以外に特徴的なこと、御校で学ぶ魅力について教えてください。

【藤本先生】 特色あるカリキュラムを展開するのに欠かせない、充実した施設・設備です。天体観測ドームや生命科学実験室、環境生命実験室など、〝ほんもの〟が体験できる、大学にも劣らない恵まれた学習環境が整っています。顕微鏡やタブレットはひとり1台用意されており、パソコンも各階のPCラウンジなどで自由に使えます。

また、中学生と高校生との交流機会が多いことも本校の魅力のひとつです。生徒会活動や体育祭などを中高合同で行うほか、教室も同じフロアに配置しています。ふ

例年のおもな学校行事

4月	入学式　新入生オリエンテーション 宿泊研修(中1)　宮古島研修(中2)
5月	体育祭
6月	
7月	三者面談　夏季英語集中研修
8月	
9月	蒼煌祭(文化祭)
10月	城ヶ島地層観察(中1) 東京散策(中2)　研修旅行(中3)
11月	
12月	三者面談
1月	
2月	
3月	卒業式

だんから同じ授業時間で動き、日常的にコミュニケーションを取りやすい環境です。部活動については、高校の部活動のなかから、中学生を受け入れられるものを選出し、可能なかぎりいっしょに活動できるようにしています。

「サイエンス」を軸に自分の「好き」を高めていく

Q 生徒さんの雰囲気はいかがですか。

【藤本先生】 中学は、今年7期生が入学してきました。サイエンスにかかわらず、どの分野においても非常に意欲の高い生徒たちが多いなと感じています。いろいろなことにチャレンジしようとしてくれていて、むしろ、われわれが止めようとしなければいくらでもやってしまうというくらいです。

これは新入生にかぎらないことで、中学生は3年間の間にサイエンスを軸にして、自分の「好き」を高めてきて、高校に進むと、本校で探究活動に励んでみたい、理数の勉強が好きだ、という高校からの入学生といっしょになり、いい刺激をしあうようになります。

本校の歴史はまだ浅いですが、そういうよさは「伝統」と言ってもいいのではないでしょうか。そして、それを支える教職員の指導力の高さも自慢のひとつです。

Q 中高合同の体育祭の雰囲気はとてもいいそうですね。

【藤本先生】 高校生は各学年6クラスを縦割りし、6チーム編成に。中学生は全員を6グループに分け、高校生の各チームに入れてもらいました。じつは、初年度は中高合同実施にとまどう高校生もいたのですが、「新しい体育祭をつくる」という発想に変え、応援団やパフォーマンスにも快く中学生を受け入れてくれました。中学生も一生懸命取り組み、後日、「先輩がたが私たちを応援してくれてうれしかった」「来年、後輩たちに同じように接したい」などの感想を寄せています。本校には、目標となるすばらしい先輩たちとであえる場も用意されています。

Q 最後に受検生へのメッセージをお願いします。

【藤本先生】 この学校で、ともにサイエンスの「好き」を高めあって、そして自分の力を伸ばしていきたいと考えている、そんな生徒さんを待っています。

川崎市立 川崎高等学校附属中学校

■併設型
■2014年開校

生徒一人ひとりの夢の実現をめざす「かわさきＬＥＡＤプロジェクト」

学校教育目標に「こころ豊かな人になろう」を掲げる川崎市立川崎高等学校附属中学校。今年、開校10年目となり、新たなリーダーのもとでチャレンジ精神旺盛な生徒の育成に取り組みます。

西　道生（にし　みちお）校長先生

学校プロフィール

開　　校	2014年4月
所 在 地	神奈川県川崎市川崎区中島3-3-1
T　E　L	044-246-7861
U　R　L	https://www.kaw-s.ed.jp/jh-school/
アクセス	京急大師線「港町」徒歩12分、JR東海道線・京浜東北線・南武線「川崎」徒歩20分またはバス
生 徒 数	男子138名、女子221名
1　期　生	2020年3月高校卒業
高校募集	なし（普通科）
教育課程	2学期制／週5日制／45分授業
入学情報	・募集人員　120名
	・選抜方法　適性検査Ⅰ・Ⅱ、調査書

相手を尊重できる豊かな心を持つ

Q　学校教育目標「こころ豊かな人になろう」についてご紹介ください。

【西先生】　とてもシンプルな目標ですが、人間として大切なことだととらえています。私の尊敬するマザー・テレサが、「Be careful of your thoughts」という言葉を残しています。これは「あなたの思考（見方・考え方・感じ方）に気をつけなさい」という意味になります。人は感じたことや考えたことがいずれ言葉になって表れます。その言葉はやがてその人の行動に表れ、その行動はいつかその人の性格になり、最終的には運命につながっていくのだと思います。

学校生活においても、つねに温かで優しい気持ちでいる人は自然と優しい言葉がけができる人になり、そして優しい行動がとれるようになります。そして、それが習慣となり、最終的にはその人にふさわしい運命につながっていくのだと思います。日々の生活のなか

東京
神奈川
千葉
埼玉

川崎市立　川崎高等学校附属中学校

で、なにげなく感じたことから湧きでてくる一言ひとことが、どんなに大切かをこの教育目標がしめしてくれていると思っています。だからこそ生徒には、学校教育目標をいつも意識して前向きな学校生活を送ってほしいです。

Q 今年度、校長に着任されてなにかお気づきになったことはありますか？

【西先生】 私は、2017年度から2年間、本校の教頭として教育に携わっていました。当時から、生徒たちは深く考え、工夫した表現をするなど課題に対する対応力に長けていたのですが、今回、校長として戻ってきて、それらがよく継承されているとつくづく感心しました。

また、当時1期生はまだ高校1年でしたので、この生徒たちはどんな道に進んでいくのだろうかと思っていましたが、今春には4期生が卒業し、多くの卒業生が自分の希望に沿った進路に進んだと教員から聞き、6年間の学びがしっかりといかされていてとてもすばらしいことだと感じています。

Q これまで同様、中高の6年間を2年ごとに分けて教育活動をされていくのでしょうか。

【西先生】 そうですね。中1・中2は学ぶ楽しさを見つける「定着期」、中3・高1は学びを広げる「充実期」、高2・高3は学びを深める「発展期」と位置づけることに変わりはありません。

とくに意識しているのは、中3と高1の接続部分です。これまでも中高で協力してきましたが、今後は教員同士の話しあいの時間をさらに多く設けることで、教科ごとにどのような指導に力を入れるべきかを話しあい、よりスムーズに高校の学びに入れるようサポートします。

そして本校独自の「かわさきLEADプロジェクト」も引きつづき実施します。これは「Learn（学び）」「Action（行動）」「Experience（体験）」を大切にした教育で生徒1人ひとりの「Dream（夢）」の実現をサポートし、また川崎市の未来をリードする人材の育成をめざすものです。

3つのキーワードで生徒の力を伸ばす

Q 「かわさきLEADプロジェクト」についてもう少し具体的に教

PICK UP!

1 自ら学ぶ力や探究力を育む独自の「農業体験」

川崎市の未来をリードする人材の育成をめざす「かわさきLEADプロジェクト」。その柱のひとつ「体験・探究」における取り組みをご紹介しましょう。

「体験・探究」のなかでも、中1の農業体験は大豆を育てる独自のプログラムです。種まきから始め、大豆になる前の段階である枝豆の収穫、味噌づくりまで1年間をかけて体験します。

特徴的なのは、千葉県のJAきみつと連携した君津市での露地栽培と校舎屋上での庭園栽培、ふたつの異なる環境で同時に大豆を育てていくことです。どのようなちがいが生まれるのか、その理由はなにか、生徒は体験をとおして学んでいきます。

こうした体験をする一方、その過程で一人ひとりが持った疑問について、それぞれが探究を進めていきます。大豆そのものに興味を持つ生徒、日本の農業について調べる生徒など、それぞれの気づきがいかされたテーマが設定されます。枝豆ひとつから生徒はじつに豊かな学びに広げます。探究の成果は、保護者も訪れる発表会で披露します。

農業体験をはじめとした探究活動で自ら学ぶ力や探究する力を身につけ、高校では「かわさきよいまちづくりプロジェクト」に取り組みます。たとえば川崎市内のレンタサイクル事業について調べたところ、ある地域で利用者が少ないことがわかりました。それは坂が多い地域のため、自転車での移動がむずかしいということが原因でした。電動自転車の導入を市に提案すると、実際にそのアイデアが取り入れられたそうです。自分たちの住んでいる川崎市をよりよい町にしようと、生徒はやりがいを持って学びを深めています。

えていただけますか。

【西先生】 キーワードとなるのは「体験・探究」「ICT活用」「英語・国際理解」の3つです。

「体験・探究」では、中1で農業体験（上記参照）、中2で職場体験、中3で川崎市を外部に発信するという取り組みを用意しています。これらは総合的な学習の時間で実施していますが、体験をとおして学ぶことはとても大切であると考えているので、理科では実験を多く実施するなど、教科学習でも体験を重視した授業を展開しています。

ふたつ目の「ICT活用」については、本校は開校時からひとり1台ノートパソコンを所有し、各教室にはプロジェクターが完備されています。鉛筆やノートといったほかの文房具と変わらないかたちでノートパソコンを使いこなす生徒の姿を見て、私の方が驚くほどです。例年4月に中1が参加する「自然教室」の新聞を作成したり、農業体験での発表資料をつくったりと、さまざまな場面で活用しています。

最後の「英語・国際理解」においては、英語の授業はもちろん、イングリッシュキャンプ、イングリッシュチャレンジといった行事も大きな役割を果たしています。

イングリッシュキャンプは中1・中2対象です。中1は7月に通学形式で、20人ほどのALTとともに英語漬けの3日間を過ごします。中2になると、12月に宿泊形式で行い、英語で自分の意見や考えを発信する力を向上させます。

イングリッシュチャレンジは全学年が参加するもので、英語を使ってのスピーチや歌、劇などに挑戦します。スピーチの原稿や劇の小道具なども生徒たち自身の手でつくり上げるので、仲間と協力しながらとても楽しそうに取り組んでいます。

また、今年は5月に「日本語交流プログラム」を実施しました。台湾・マレーシア・インドネシア・オーストラリア・ブラジルの生徒が来校し、本校の生徒と触れあったり、川崎大師へでかけたりと楽しい時間を過ごしました。今後は英語圏だけでなく、アジアの国々も含めて国際的視野を広げていこうと思います。

今年で開校10年目を迎えますので、「かわさきLEADプロジェク

例年のおもな学校行事

4月	入学式　自然教室
5月	体育祭
6月	修学旅行(中3)
7月	農業フィールドワーク(中1) イングリッシュキャンプ(中1) 職場体験(中2) イングリッシュアドベンチャー(中3)
8月	
9月	生徒会選挙　文化祭
10月	合唱コンクール 農業フィールドワーク(中1)
11月	
12月	イングリッシュキャンプ(中2) イングリッシュチャレンジ
1月	
2月	
3月	フィールドデイ 学習発表会　卒業式

ト」もいまの時代に合ったものにリニューアルしていこうと思います。教員のなかから具体的な提案などもでていますのでとても心強いです。

夢に向かってたくましくがんばれる素地をつくる

Q 今後どのような生徒さんを育てていきたいですか?

【西先生】学校教育目標「こころ豊かな人になろう」には、それを実践するために「自分の良さを伸ばそう」「知識を求め、追求しよう」「思いやる心をもとう」「心身ともに鍛えよう」という4つの教育重点目標があります。生徒にはこれらをもっとわかりやすい言葉で説明していこうと思います。

そして中高6年間の学びでじゅうぶんな基礎的知識を身につけたうえで、周りにどうみられるかにこだわりすぎず、どんどん自分の考えを主体的に前にだしてほしいのです。

これからいろいろな課題や壁にぶつかると思いますが、そこから逃げずに立ち向かっていけるような人材を育てていきたいと考えています。

Q 最後に読者に向けて、メッセージをお願いします。

【西先生】着任早々の4月に体育祭を行いました。保護者観覧の制限もなく、久しぶりに中1から高3までが一堂にそろった学校行事で、生徒たちは楽しい時間を過ごせたのではないでしょうか。

本校の体育祭は中高縦割りの6グループに分かれて応援や競技を行うのですが、高3が中1の面倒をみたりする光景は中高一貫校ならではのほほえましいものがあります。閉会式のときに、高3の応援団長が涙ぐみながら中学生たちに感謝の言葉を言っている姿がとても感動的でした。

12月には開校10周年の記念式典があり、附属中の「生徒歌」をお披露目する予定です。ホームページやパンフレットでは伝わらないことがたくさんありますので、ぜひ学校説明会や公開授業などにご参加いただければと思います。

一生懸命に学校生活を過ごすことで、かならず自分のやりたかったことに気づくときがくるはずです。ぜひ本校をフィールドにして、ワクワクと充実した6年間を過ごしてほしいと思います。

千葉県立 千葉（ちば）中学校

■併設型
■2008年開校

学問の本質に触れながら教養を身につけ 行事や部活動にも全力で取り組む

県内トップ校のひとつである千葉県立千葉高等学校に併設された千葉県立千葉中学校。生徒の自主性を重視した教育を展開し、不確実性の高い時代を生き抜く力を養っています。

佐藤（さとう） 晴光（はるみつ） 校長先生

学校プロフィール

開　校	2008年4月
所在地	千葉県千葉市中央区葛城1-5-2
TEL	043-202-7778
URL	https://cms1.chiba-c.ed.jp/chiba-j/
アクセス	千葉都市モノレール「県庁前」徒歩9分、JR外房線・内房線「本千葉」徒歩10分、京成千葉線「千葉中央」徒歩15分
生徒数	男子120名、女子120名
1期生	2014年3月高校卒業
高校募集	あり
教育課程	3学期制／週5日制／50分授業
入学情報	・募集人員　80名
	・選抜方法　(一次検査)適性検査(1-1・1-2) (二次検査)適性検査(2-1・2-2)、 集団面接、報告書

生徒の成長を支える「3つの協同（働）」

Q 教育方針について教えてください。

【佐藤先生】 本校は「千葉から、日本でそして世界で活躍する心豊かな次代のリーダーの育成」を教育理念としています。加えてコロナ禍への対応で顕著になった「これまでに遭遇したことのない課題への対応力」を磨くことがなによりも重要だと感じています。

そのために、まず徹底的に基礎基本を学び知識の量を増やすことに力を入れています。きちんとした知識がなければ、うわべだけの議論しかできません。うわべだけで勝負していると、真の課題に遭遇した際に、太刀打ちできないのではないかと思うのです。

つぎにポイントとなるのは、多様な個性や才能を持った人びととの協働です。たとえスーパースターであっても、ひとりでできることには限界があります。それぞれの分野のスターが力を合わせ、ひとつのことに取り組むことができ

れば、鬼に金棒です。本校では一人ひとりがスターとなれるよう、さまざまな資質を養っています。

そして教育のキーワードとなるのは「きょう」です。コロナ禍の影響を受ける状況では、「共」同はむずかしくても「協」同や「協」働はできます。

生徒同士が校内で課題や疑問に対して、協力しながら学習する「学びの協同」、社会とのかかわり方を学ぶ「社会との協働」、保護者のかたとともに生徒を支える「家庭との協同」を大切に教育を展開しています。

不確実性の高い時代を生き抜くためにも、こうした観点から生徒を育てたいと考えています。

Q 生徒さんの成長を感じられたエピソードはありますか。

【佐藤先生】 昨年のことですが、ある雨の日、私が校長室前の廊下を磨いていたとき、どこからどう伝わったのか、外掃除を担当する生徒が、雑巾やタワシを手に、手伝いにきてくれたのです。廊下がみるみるうちにきれいになっていきました。まさに自発的な協働だと感動したのを覚えています。生徒たちは着実に成長しています。

特色あるカリキュラムやさまざまな行事

Q カリキュラムの特徴についてご紹介ください。

【佐藤先生】 生徒の自主性をこれまで以上に大切にするため、今年度から定期考査を廃止しました。テストがあるから勉強するのではなく、自分で計画的に勉強する意識づけは大切です。週当たりの授業時数もあえて減らしました。ただ、定期考査の廃止とともに、行事の見直しを徹底的に行ったことで、結果的に年間の授業時数は大幅に増やすことに成功しています。やはり、基礎基本を徹底するには授業時数の確保が大切です。

また、「スパイラル学習」※も見直すこととしています。県立千葉高等学校卒業までの6年間を見通した、ムダのない学習方法を模索中です。せっかく高校入試が必要ないのですから、そのことを最大限にいかしたカリキュラムとするつもりです。

数学と英語では、1年生から学級を二分割し、少人数授業を行っています。

また、GIGAスクール構想で

※これまで千葉県立千葉中学校で行われていた、同じ題材について学年を重ねながら繰り返し学んでいく手法

PICK UP!

1 人間力育成のための総合的な学習の時間「学びのリテラシー」「ゼミ」「プロジェクト」

千葉中学校では、県内トップレベルの千葉高校の伝統をいかした「学びのリテラシー」「ゼミ」「プロジェクト」という人間力育成のための独自プログラムが展開されています。

「学びのリテラシー」とは、探究学習の基礎となる力を育てる学習です。「ゼミ」や「プロジェクト」で必要となる技術を学んでいきます。情報処理のための技術を数学・理科の教員が、話しあいの技術を国語の教員が、プレゼンテーションの技術を英語の教員が指導します。

こうした技術をもとに「ゼミ」では個人もしくはグループで、関心のあるテーマの研究を進めていきます。年度末にはそれらをまとめて発表、とくに中3では論文にまとめ、卒論発表会も行います。

「プロジェクト」は社会に貢献する力をつけるためのプログラムです。各学年で社会人講演会（中1）、職場体験学習（中2）、夏季ボランティア（中3）を行います。これらは生徒が企画・運営を担当するため、講演者や企業へのアポイントメントを取るところから生徒が行います。

こうした経験が企画力を育み、社会でどんなことができるのか、社会からどのような力が必要とされるのかを理解することにつながるのです。

そして、これら3つのプログラムが、千葉高校へ進学したのちの「千葉高ノーベル賞」という取り組みの土台となっていきます。この「千葉高ノーベル賞」とは、4つの分野（人文科学・社会科学・自然科学・芸術）に分かれて個別に調査・研究し、まとめた作品のなかから最もすぐれたものに与えられる賞で、総合的な学習の時間に行われています。

高校進学後、高1から約2年間かけて研究したものを高3の9月に発表します。各分野で優秀作品に選ばれたものは「千葉高ノーベル賞論叢」として冊子にまとめられ、全校生徒に配られます。

「色によって反応時間は変わるか」や「千葉ニュータウンの計画人口は達成できるのか」など、テーマには個性が発揮され、社会的な視点を持ったものもたくさんあるといいます。こうして中学校で研究の基礎を学び、高校でのハイレベルな研究につなげていくことができるのです。

整備されたひとり1台端末は、もはやどの教科でも文房具のように日常的に使用しています。

Q 特色のある授業や行事についてお話しください。

【佐藤先生】 探究学習に取り組む「学びのリテラシー」「ゼミ」「卒業論文」「プロジェクト」は本校独自の学習です（上記参照）。

行事は入学後間もなくのオリエンテーション合宿（鴨川）から始まります。これは人間関係を構築するうえで重要なものです。仲間と寝食をともにしながら、学習方法や中学校生活について学びます。

また、修学旅行は2年生で実施しています。日本の伝統文化を学ぶことを目的に、奈良を中心に旅行します。今年度から3泊4日に泊数を増やし、最終日は京都大学の時計台のなかで、現役の京都大学教授から「学問とはなにか」について講義していただきます。

さらに希望者は、卒業式後に「海外異文化研修」に参加できます。昨年度は、新型コロナウイルス感染症の予防やドル高の影響で、初めてシンガポールに行きましたが、今年度はアメリカ・ボストンを訪問し、現地のトップレベルの大学を見学して、大学生との交流も行います。大変意義深い行事ですが、海外大学進学にはつながっていません。できれば、3年生の3学期は高校入試不要のメリットをいかし、3カ月の短期留学に行ってほしいですね。そのための費用は、「千葉県立学校チャレンジ応援基金」という寄付制度を利用して、補助できるよう計画中です。

中高合同の文化祭、体育大会では生徒の自主的な取り組みが重んじられています。実行委員が協議し、教職員はその実現に向けて支援するというスタイルが基本です。中学生と高校生は気軽に意見を言いあえる関係であり、力を合わせてよりよい行事の具現化に向けて協働しています。

授業や行事ではありませんが、今年度からすべての部活動を中高合同としたことも、本校ならではの特徴になると思っています。6学年の異年齢集団による活動は、心の教育にも、技術の習得にも役立つはずです。

6年後を見据え 太い根っこを生やす

Q 生徒さんには、どのような学校

例年のおもな学校行事

4月	入学式　オリエンテーション合宿(中1)
5月	全校防災避難訓練
6月	合唱祭
7月	
8月	職場体験(中2) 夏季ボランティア(中3)
9月	文化祭(中高合同)　体育祭(中高合同)
10月	伝統文化学習(中2)
11月	校内語学研修(中3)
12月	
1月	
2月	マラソン大会 卒業論文発表会(中3)
3月	総合学習発表会(中1・中2) 卒業式　海外異文化学習(中3希望者)

生活を送ってほしいですか。

【佐藤先生】 本校ではいわゆる大学受験対策のみに重きをおくのではなく、学問の深さ、学ぶことのおもしろさに触れられるように、工夫を凝らした授業を用意しています。そのなかで「自分がどうありたいか」「なにを学びたいのか」「そのためになにをなすべきか」を生徒自身が考えることでさらに成長できるでしょう。

ただ高校受験がないので、本来身につけるべき基礎的な知識量が不足することも危惧されます。知識王、雑学王をめざすくらいの気持ちを持ってほしいですね。また、部活動や行事にも全力で取り組み、文武両道を体現することを期待します。必要なのはうわべだけを着飾るのではなく、太い根っこを生やすことです。

Q どのような生徒さんを待っていますか。

【佐藤先生】「千葉中高で△△をやりたい」、「□□ができるから千葉中高を選んだ」というように、目的意識がはっきりしていて、6年後の自分の姿をデザインできる人を待っています。「高校受験をしないですむ」という消極的な観点で学校選びをすると、行きづまってしまいます。

また、本校では他者とのかかわりを重視し、社会に貢献していく人材を育成するという教育理念から、仲間と協働してなにかに取り組むことが多いので、それをいとわないことが重要だと思います。

Q 御校を志望する読者にメッセージをお願いします。

【佐藤先生】 われわれはコロナ禍でなにを学んだのか。それを考えずにコロナ禍前に戻せ、という思考では人類の進歩はありません。コロナ禍により、さまざまな職業、立場の人が涙し、汗を流し、自分のことをあと回しにして働いたこと、その結果、なにが大事で、変えられることはなにか、について考えたことを忘れてはなりません。

コロナ禍が去っても、みなさんの活躍する時代は、これまで経験したことのない課題を解決する必要に、幾度となく遭遇するでしょう。そのとき、各人が持つ能力を発揮しあい、協働できるか否かが未来を左右するのではないでしょうか。不確実性の高い時代を生き抜き、持続可能な社会のリーダーが現れることを期待します。

東京
神奈川
千葉
埼玉

千葉県立 東葛飾(ひがしかつしか)中学校

■併設型
■2016年開校

「自主自律」の精神を養いながら 夢を描きかなえる力を磨く

生徒の主体性を尊重しながら、「心豊かな次代のリーダー」を育成している千葉県立東葛飾中学校。生徒が自らの進むべき道を見つけ、しっかりと歩んでいけるよう、さまざまな学びの機会を用意しています。

稲川(いながわ) 一男(かずお) 校長先生

学校プロフィール

開　校	2016年4月
所在地	千葉県柏市旭町3-2-1
TEL	04-7143-8651
URL	https://cms1.chiba-c.ed.jp/tohkatsu-jh/
アクセス	JR常磐線・東武野田線「柏」徒歩8分
生徒数	男子120名、女子120名
1期生	2022年3月高校卒業
高校募集	あり
教育課程	2学期制／週5日制／50分授業
入学情報	・募集人員　80名 ・選抜方法　(一次検査)適性検査(1-1・1-2) (二次検査)適性検査(2-1・2-2) 集団面接、報告書

教育理念に基づき 3つの力を育む

Q 教育理念についてお教えください。

【稲川先生】 本校は「世界で活躍する心豊かな次代のリーダーの育成」をめざし開校しました。この教育理念に基づき、リーダーに必要な「揺るぎない学力」「豊かな人間力」「自己規律力」を身につけるための教育を行っています。

Q 日々の指導では、どのようなことを意識されていますか。

【稲川先生】 「スチューデント・ファースト」で、一人ひとりに合わせた支援で生徒の成長をうながすことを意識しています。きめ細やかな指導を行いますが、だからといって、すべてにおいて口や手をだすわけではありません。生徒の自主性を大切にしながら、適切なタイミングでアドバイスをするために、生徒の様子につねに目を配っています。

そして校長である私の務めは、全生徒・全教職員が幸福で身体的、精神的、社会的のすべてにおいて

満たされた状態である「ウェルビーイング」を感じられる環境を整えることだと考えています。

Q 揺るぎない学力とは、どのようなものをさすのでしょうか。

【稲川先生】 表面的な理解で満足することなく、学問の本質に迫るべく主体的に学び、獲得できるものが揺るぎない学力といえるでしょう。

中高生にとっては、大学進学がひとつの目標となるかもしれません。しかし、大学に合格することをゴールとするのではなく、そのさきを見据えて学んでいってほしいですね。

授業は、どの教科においても、「input」→「think&share」→「output」の学習サイクル（98ページ・PICK UP!参照）を意識しています。この学習サイクルを繰り返すことで、生徒は能動的な学習習慣を確立していきます。

Q 総合的な学習の時間に「つなげる力」、学校設定教科として「つながる力」という授業を設けておられますね。

【稲川先生】 このふたつはどちらも探究学習を行うもので、連動した取り組みとなっています。

中1では「柏・地域研究プロジェクト」、中2では「伝統文化学習旅行プロジェクト」、中3では「海外研修プロジェクト」にのぞみます。まずは自分が暮らす地域や国について学び、海外に行った際に、日本とはどういう国なのか、どんな文化があるのかを、英語で発信できる力を身につけてほしいですね。

加えて周辺地域から日本、世界へと徐々にプロジェクトを行う範囲を広げていくことによって、ローカルからグローバルな視点でものごとを考えられるよう、うながしています。

学校という小さなコミュニティーのなかだけで学ぶのではなく、外の世界に飛びだすと、いろいろな人がいて、それぞれに異なる考えがあることに気づくでしょう。その気づきが多様性を受容する心につながると思います。

これらのプロジェクトをつうじて、課題の見つけ方、探究の仕方をイチから学ぶとともに、プレゼンテーション力も磨いていきます。また中3では「自由研究プロジェクト」にも取り組み、論文執筆に挑戦します。

PICK UP!

1 ふだんの授業から主体性を育む 放課後は学業も部活動もバランスよく

7時間授業を導入し、週31時間の授業のなかでしっかりと学力を養っている東葛飾。教科にかかわらず、どの授業でも「input」「think&share」「output」の3つが意識されているのが特徴です。

まずは知識や技能を習得して「input」。それをお互いに確認し、「think&share」します。最後に、身につけたことを自ら表現する「output」の時間です。これらのステップは教員だけでなく生徒も理解し、「いまはなにをする時間か」を考えて授業に取り組んでいます。また、Wi-Fi環境が整備されており、タブレット端末を活用した調べ学習やプレゼンテーションなども積極的に取り入れられています。こうした授業によって、生徒の主体的な学びが可能となっているのです。

放課後には部活動、委員会活動に加えて補習にも取り組みます。授業の内容を補うための補習だけでなく発展的な内容をあつかう補習も用意されており、自らの状況に合わせて充実した時間を過ごすことができます。

2 教養を高める講座が中高で開講 「東葛リベラルアーツ講座」

東葛飾では、受験のための学力だけではなく、教養を身につけることがめざされています。その一助となっているのが、高校で開講されている「東葛リベラルアーツ講座」です。同講座では、土日を中心に、大学教授や各分野のスペシャリストを招いたり、教員による特別授業を行ったりしています。

内容は、「一般教養講座」と「医療系講座」の2構成で、合わせて年間60講座以上の開講が予定されています。内容は、古代ギリシャの数学を学ぶもの、イスラムの文化に触れるもの、歌舞伎の鑑賞方法を知り実際に楽しむもの、臓器移植をつうじて命の大切さを考えるものなどさまざま。生徒たちは、幅広い分野から受けたい講座を選び、ふだん体験できない真の学び・教養を得ています。

その一部を、中学生も受講できるのです。テーマは、「ロケットを飛ばす」「情報を整理する」「身体をつくる」など、リベラルかつ身のまわりにあることを題材としたものとなっています。

部活動や行事にも熱心に取り組む生徒たち

Q つづいて、豊かな人間力を育む取り組みについてもご紹介いただけますか。

【稲川先生】 豊かな人間力を育てるうえで欠かせないのが、部活動や行事です。

補習や講座なども多く行われていますので、部活動は平日2日に加えて、土日どちらか1日の最大週3日と決めています。かぎられた時間ではありますが、生徒は一生懸命に活動しています。

たとえば理科部は、メダカが受ける環境ホルモンの影響についての実験などをしていて、先日は日本循環器学会に招待されて、その成果を披露していました。見守っている私が緊張してしまったのですが、生徒は堂々と発表し、医師のかたがたからの質問にもきちんと答えていました。その姿から、「input」→「think&share」→「output」の精神が、部活動でも存分にいかされていることを感じうれしく思いました。

一方で、生徒は行事にも情熱を傾けています。学習発表会や合唱祭といったものがあり、生徒主体で運営をします。合唱祭は高校生と合同の行事です。

高校には三大行事と呼ばれるものがあり、合唱祭もそのひとつです。中学生は制服で参加しますが、高校生は制服がないので、曲のテーマに沿った衣装を手づくりしてのぞみます。その姿に憧れの気持ちを抱く中学生も多いようです。

ほかのふたつはスポーツ祭と文化祭で、三大行事はいずれも生徒による実行委員会、「プロジェクト」と呼ばれるボランティア団体によって企画、実施されます。例年、100人以上がプロジェクトに参加しており、生徒たちは各々の役割を果たそうとしています。

このように、生徒の自主性が発揮される行事は、高校の校是である「自主自律」を体現しているものといえるでしょう。そこでのさまざまな経験が彼らの人間力を高めていきます。

Q 揺るぎない学力、豊かな人間力とともに重視されている、自己規律力とはどういった力なのでしょうか。

【稲川先生】 簡単にいうと自分をコントロールできる力です。生徒に

例年のおもな学校行事

4月	入学式
5月	授業参観 全校合同校外学習 伝統文化学習旅行(中2)
6月	
7月	合唱祭　夏季講座(夏季学習会)
8月	夏季講座(夏季学習会)
9月	文化祭(学習発表会)
10月	
11月	体育祭(全校レク) 芸術鑑賞会
12月	
1月	
2月	自由研究発表会
3月	卒業式 海外研修(中3)

は、自らを俯瞰して、現状を把握・評価し、必要に応じた行動ができる人になってほしいと願っています。授業や部活動、行事に積極的な姿勢でのぞみ、仲間と協働し切磋琢磨することで、こうした力が養われていきます。

主体的に進路を見つけ自ら行動できる人へ

Q 生徒さんには、どのような姿勢で中高の6年間を過ごしてほしいとお考えですか。

【稲川先生】 ともに学ぶ仲間、そして自分とは異なる価値観や考え方を持つかたがたに「思いやりの心」を持って接することができる人であってほしいと思います。

加えて、目標を立て、それを実現するために、いまなにをしなければならないのかを自ら判断し、実行していってもらいたいです。

Q 進路指導で大切にされていることはありますか。

【稲川先生】 あくまで生徒自身が進みたい道を見つけることが大切だと考えています。私たち教員は、生徒が夢を描ける力、そしてそれをかなえられる力を身につけられるよう、サポートしていきます。

本校には多彩な分野の学びに触れられる「東葛リベラルアーツ講座」(98ページ・PICK UP!参照)があります。多くの講座に参加し、そのなかから将来の進路を決めたという卒業生もいますから、今後も生徒の視野を広げる、こうした講座を大切にしていきたいと思います。

また高校には、「一般コース」のほか、医療従事者をめざす生徒を対象とした「医歯薬コース」を設置しています。医師や医学部のかたがたと触れあいながら、医療従事者に求められる倫理観や人間性、そして医学部合格のための学力を養っていきます。

Q 御校は、どのような生徒さんを待っておられますか。

【稲川先生】 本校では、生徒の知的好奇心を刺激する数々の仕かけを用意しています。自分をさらに高めたい、チャレンジしつづけたい、夢をかなえたいと考える人にはぴったりの学校だと思います。

自主自律の校風のもと、さまざまな学びに取り組みながら将来を模索し、仲間とともに「心豊かな次代のリーダー」となるべく成長していきましょう。

■中等教育学校
■2022年開校

千葉市立 稲毛国際中等教育学校

グローバル・リーダーとなるために 豊かな人間性のうえに多くの力を養う

2007年に開校した千葉市立稲毛高等学校附属中学校が、これまでの教育ノウハウをいかし、さらに充実した教育を行うため、2022年4月、千葉市立稲毛国際中等教育学校として生まれ変わりました。県内の公立で初となる中等教育学校です。

工藤 秀昭（くどう ひであき） 校長先生

学校プロフィール

開　校	2022年4月
所在地	千葉県千葉市美浜区高浜3-1-1
TEL	043-270-2055
URL	https://www.city.chiba.jp/school/hs/001/
アクセス	JR京葉線「稲毛海岸」徒歩15分、 JR総武線「稲毛」・京成千葉線「京成稲毛」バス
生徒数	男子129名、女子190名
1期生	2年生
高校募集	なし
教育課程	2学期制／週5日制／50分授業
入学情報	・募集人員　160名
	・選抜方法　報告書、適性検査（Ⅰ・Ⅱ・Ⅲ）、面接

地域・世界・未来を切り拓く人材へ

Q 2022年度に千葉市立稲毛国際中等教育学校を開校され、今後順次移行される予定ですが、現在は千葉市立稲毛高等学校、同附属中学校の生徒が同じ校地で学ばれていますね。中等教育学校を開校されたねらいについてお教えください。

【工藤先生】 附属中学校で学んだ生徒の成長した姿から、これまでの教育効果を実感し、その教育をさらに発展させるべく、中等教育学校とすることにしました。中学と高校の学習内容の重複を整理したカリキュラムを編成することで時間的な余裕が生まれ、より深い学びが実現します。1期生、そして今春入学した2期生も、授業をはじめとした学校生活に、積極的な姿勢でのぞんでくれています。

Q 教育方針についてご紹介ください。

【工藤先生】 めざす教育として、「地域・世界・未来を切り拓くグローバル・リーダーの育成」を掲げて

います。「グローバル・リーダー」は本校の教育におけるキーワードです。授業のみならず、部活動、行事、どれもがグローバル・リーダーとなるための資質を養う機会であると考えています。

Q 御校の授業には、どのような特徴がありますか。

【工藤先生】 学問への情熱や好奇心を喚起する授業を意識しています。ペアワークやグループワークなど、生徒が自分の頭で考え、クラスメイトと意見を交換する機会が豊富にあるのも特色です。中1のころから、教員が生徒に発言をうながし、意見を引き出しているので、高3になると、より主体的に発言する様子が見られます。

この根底にあるのは「褒めて伸ばす」指導を大切にする思いです。生徒のよいところを見つけ伸ばすと同時に、生徒ときちんと向きあい褒めることで自己肯定感を育て、より大きな成長につなげます。

そのほか、中学生は千葉市からひとり1台ノートパソコンが貸与され、高校生は各自のICT機器を持参しており、いろいろな場面で使用していることが特徴にあげられます。教員からの課題も配信されるので、使わない日はないほどです。

確かな英語力と異文化を理解する心

Q グローバル・リーダーの育成に向けて、大切にされていることはなんですか。

【工藤先生】 相手を思いやり、互いを尊重する「正しい言葉」を使えるといった、リーダーにふさわしい人間性を身につけてほしいと思っています。そのうえで、語学力や行動力、発信力といった多くの力を育てています。

英語の授業は3年間で、標準的な公立中学校の1・4倍にあたる595時間を設定しています。本校には8人の外国人教員がおり、中1からオールイングリッシュの授業を実施しています。日本人教員も日本語をほとんど使わずに授業をしていて、中3以降は外国人教員、日本人教員にかかわらず、すべての英語の授業がオールイングリッシュとなります。

生徒が発話する機会も多く設けていますが、かならずしも正しい文法、発音を重視しているわけではありません。英語力は6年間で

PICK UP!

1 教科横断型のさまざまなプロジェクトにのぞむ独自の探究活動「INAGE QUEST」がスタート

これまで実施してきた企業や大学、公的機関などと連携した活動をさらに発展させ、新たに始まったのが独自の探究活動「INAGE QUEST」です。

大切にされているのは、実際に行動し、多角的な視点でものごとをとらえ、「自分たちのことを理解する姿勢」「コミュニケーション能力」「異文化を理解する姿勢」を養うこと。そのために、教科横断型の多種多様なプロジェクトが用意されています。

たとえば昨年は「学校改善プロジェクト」と題して、よりよい学校にするための活動に取り組みました。あるグループは水の使用量を減らすために、水道の蛇口を替えることを提案し、あるグループは中庭に緑を増やしたいと、花を植えることを提案するなど、それぞれの視点で課題を見つけ、その解決策を考えました。解決策は教員にどんどん伝え、実現されたものもあるのだそう。

「学校の新制服を考えよう」をテーマに行われたプロジェクトでは、ファッション通販サイトを運営するZOZOとコラボレーションしました。アンケートを取りつつ、どんな素材やデザインが最適なのかについて調査を重ね、グループごとに新制服を考えたのです。なかには、通学時の服でもなく、体操服でもない、学校のなかだけで着る新たなスタイルの服を生みだしたグループもあります。独自の視点を持ってのぞむ深い学びが実現されていることが感じられます。

今後は、千葉県の魅力や日本文化を発信する活動や訪日客へのインタビューにも取り組み、地域から世界という大きな視点で身のまわりの問題に向きあい、解決方法を探ることにも挑戦します。

高校生になると、「稲高生による千葉市創生プロジェクト」や「SDGsリサーチプロジェクト」として、千葉市内の4つの大学やグローバル企業とコンソーシアム※を構築し、グローバルな視点を持って地域の課題を発見し解決策を考え、コミュニティーを支える地域のリーダーとして活躍することもめざします。「稲高生による千葉市創生プロジェクト」は、千葉市の市長に提言をする貴重な取り組みです。

「INAGE QUEST」のひとつのゴールとなるのは高2のオーストラリアへの海外研修です。多彩な取り組みによって身につけた力は、現地でもいかんなく発揮されるでしょう。

※特定の目的のために集まった共同体

確実に伸びていきますから、まずは英語での会話にチャレンジする姿勢が大切なのです。そのため、発言しやすい雰囲気づくりをどの教員も意識しています。この雰囲気づくりは英語の授業にかぎらず、すべての教科において共通しているものです。

積極的に英語を使う気持ちを育て、できるだけ早く英語を母国語とする人たちと同じ土俵に立たせてあげることが、私たち教員の役目です。

さらに、外国人教員や、海外の学校から受け入れている生徒さんたちとの日常的な触れあいをつうじて、日本とは異なる文化を理解し多様性を受け入れる心を磨いていきます。

Q 海外の生徒さんの受け入れは、頻繁に行われているのですか。

【工藤先生】 コロナ禍では中止していましたが、今年度はすでにカナダとアメリカの学校が本校を訪ねてくださいました。

生徒の家にホームステイをして、授業や部活動、行事にも参加してもらうので、生徒にとって刺激になっているようです。受け入れた学校の先生がたや生徒さんに向けて私があいさつをする際は、生徒が通訳をしてくれました。じつに頼もしかったですね。

さらにオーストラリアや中国、韓国の学校とも国際交流プログラムを実施しており、高2では全員がオーストラリアへの語学研修にのぞみます。こうした場は、自分の英語力がどの程度実戦で通じるのかを試す機会にもなります。コミュニケーションがうまく取れないときもあると思いますが、それも経験です。そこで諦めるのではなく、今後さらに学ぼうという意欲につなげてもらいたいです。

校名に「国際」を冠しているので、生徒は英語力を高めたいという強い思いを持って入学しています。その思いをさらにふくらませてあげるのが本校の使命です。

海外に飛びだし 自らの殻を破ってほしい

Q そのほかグローバル・リーダーが備えるべき資質には、どのようなものがあるとお考えですか。

【工藤先生】 幅広い視野やものごとを異なる視点から考えられる力などが求められるでしょう。

今年度から、海外に行くプログ

例年のおもな学校行事

4月	入学式 交通安全教室 校外学習(中3)
5月	
6月	
7月	飛翔祭(文化祭) 夏期講習
8月	夏期講習
9月	生徒会役員選挙
10月	修学旅行(中3)　海外語学研修(高2) 校外学習(中1・高1・高3)
11月	体育祭
12月	異文化理解講座
1月	百人一首大会
2月	自然教室(中2)　英語合宿(中2)
3月	卒業式

ラムも再開していて、5月には千葉市の姉妹都市であるアメリカ・ヒューストンを訪れました。これは、千葉市主催のプログラムで、高校生9名が日本関連イベント「ジャパン・フェスティバル・ヒューストン」で日本文化を紹介してきました。

彼らはなにを披露するのか、どのように伝えるのかを自分たちで考えて、学校の代表として選ばれたグループです。現地では沖縄の伝統舞踊であるエイサーをアレンジして披露していました。こうした機会は相手の視点に立って考える企画力が磨かれます。

海外に飛びだす経験は、彼らの殻を破ること、それまでの自身の枠組みを越えた考え方ができるようになることにもつながるでしょう。グローバルな課題に目を向け、「自分にはなにができるのか」を考えるようになってくれたらうれしいです。

広い視野を身につけ 国際社会の一員となる

Q キャリア教育には、どのようなものがありますか。

【工藤先生】 本校独自の探究活動「INAGE QUEST」（102ページ・PICK UP参照）のなかで、企業を訪問し仕事場を見学させていただく「グローバル企業訪問」などを行っています。コロナ禍では実施が難しい面もありましたが、昨年度は、千葉市に本社があるZOZOのかたがたの協力を得て、新たに課題探究を行いました。

企業との連携プログラムや海外研修で視野を広げ、生徒一人ひとりが将来の目標を見つけていってくれることを願っています。

Q 読者へのメッセージをお願いいたします。

【工藤先生】 しなやかな感性を持つ中高時代に、自分の能力をおおいに伸ばしましょう。本校には、高い志を持ち、積極的に多種多様な取り組みにチャレンジする生徒が集まっています。そんな仲間から刺激を受け、また自分も仲間に刺激を与えながら、みんなで成長していける学校です。

確かな学力、豊かな心、調和の取れた体力を養い、国際社会の一員として自ら発信、行動できるグローバル・リーダーへと成長できる環境を用意して、みなさんをお待ちしています。

埼玉県立 伊奈学園中学校

■併設型
■2003年開校

一人ひとりの個性や才能を伸ばす特色あるシステムが魅力

普通科ながら、総合選択制やハウス制といった特徴を持つ埼玉県立伊奈学園総合高等学校。この高校を母体に生まれた伊奈学園中学校は、幅広く確かな学力を身につけ、生涯にわたり自ら学びつづける人間を育成します。

飯田　徹 校長先生

超大規模校につくられた併設型中高一貫校

Q 設置母体である埼玉県立伊奈学園総合高等学校はどのような学校なのでしょうか。

【飯田先生】 伊奈学園総合高等学校は、1984年に創立され、現在は在籍生徒数が2400人にものぼる超大規模校です。普通科ですが総合選択制をとっており、専門学科に近いようなかたちで7つの学系（人文・理数・語学・スポーツ科学・芸術・生活科学・情報経営）に分かれて学びます。

高校へ入学する1学年800名のうち、本校から80名の生徒が一般的な普通科にあたる人文系と理数系に進学します。なお、本校から進学した生徒（内進生）は、高校から入学した生徒（高入生）とは3年間別クラスを編成します。

総合選択制では、大幅な選択科目を導入しており、大学のように講義を選んで受講することをイメージしていただけるとわかりやすいと思います。

Q 中学校でも高等学校の校訓「自

学校プロフィール

開　　校	2003年4月
所在地	埼玉県北足立郡伊奈町学園4-1-1
T E L	048-729-2882
U R L	https://inagakuen.spec.ed.jp/
アクセス	埼玉新都市交通ニューシャトル「羽貫」徒歩8分、JR高崎線「上尾」「桶川」・JR宇都宮線「蓮田」バス
生徒数	男子74名、女子166名
1期生	2009年3月高校卒業
高校募集	あり
教育課程	3学期制/週5日制/50分授業
入学情報	・募集人員　男女計80名
	・選抜方法　第一次選考　作文（Ⅰ・Ⅱ） 第二次選考　面接

彊創生」を継承していますね。

【飯田先生】意味は「自ら努め励み、自らをも新しく創り生み出すこと」です。わかりやすく言うと、努力を積み重ねることで個性を開花させ、新しい自分を発見し、育てるという意味になります。そうして高い志を持ち、将来社会の多様な分野でリーダーとなる生徒を育てていきたいと思っています。

これからの社会では、自分自身の得意なことや強みをいかしてキャリアアップしていくのが当然という方向になると思われます。それは、他とのちがいこそが自らの強みであることを理解し、同時に他者の多様な価値も受け入れられることではないでしょうか。

だからこそ、本校の生徒には、ひとつの要素を切り取り、同じ尺度で他者と比べるのではなく、それ以外にあるはずの自分のよさに気づいてほしいと思います。そのためには、ものごとを幅広く見る視野、他者の思いに気づく想像力、自分自身が感じる美しさやおもしろさを大切にする感性、そういったものを経験、体験、挑戦のなかで培ってほしいと思います。

自己と他者に多くのちがいがあるということは、つまり多様性があるということです。そのよさがわかるようになってほしいですね。

Q 教育のカリキュラムで特徴的なところをお教えください。

【飯田先生】一般の中学校の授業は週29時間標準で行われていますが、本校では独自の教育課程により、2時間多い31時間で実施しています。増加分の2時間（3年間で6時間）は、1年生は英語と数学の各1時間、2年生は数学2時間、3年生は国語と学校独自の設定科目の各1時間です。

英語では、ALT（外国人英語講師）と日本人教師とのチームティーチングを実施し、「聞くこと」「話すこと」を重視した授業を展開しています。また、3年生では、高校教師による授業を実施し、英語によるディベートなどを行うことで発信力を高めています。

数学では、1・3年生は2クラス3展開、2年生は1クラス2展開の少人数指導を実施しています。高校でも、必修教科の数学では2クラス3展開をそのまま継承しています。また中高一貫校のメリットをいかし、数学では3年生の2学期から高校の内容を先取りして

PICK UP!

1 学校のなかに存在する小さな学校「ハウス」で生まれるアットホームな雰囲気

中高合わせて2600人以上もの生徒を擁する大規模校の伊奈学園は、生徒の生活の場が6つの「ハウス」に分かれて構成されています。ハウスは、建物自体が独立し、生徒は学系などの区別なくいずれかのハウスに所属します。同様に、180人を超える先生がたも教科・専門の区別なくいずれかのハウスに所属します。各ハウスにそれぞれ職員室が設けられており、ハウス長（教頭先生）以下30人程度の教員が所属しています。

中学生は6つのハウスのひとつである第1ハウスにおいて生活することになります。高校生は第2～第6ハウスで、伊奈学園中学校卒業生は高校段階で第2ハウスに入ります。高校の各ハウスは1～3年生それぞれ4クラスずつ、計12クラスで構成されます。卒業まで同じハウスで、同じ担任の指導のもと、自主的な活動を展開しています。

また、学園祭、体育祭、修学旅行などの行事や生徒会活動なども、すべてハウスを基本単位として行われます。ハウスごとにカラーが決まっており、体育祭や学園祭、校章などにもシンボルカラーとして使われています。

6つのハウスは、それぞれが「小さな学校」であり、毎日の「生活の場」としての親しみやすいアットホームな雰囲気が生みだされています。

なお、ホームルームと一部の必修授業以外の選択授業や部活動、生徒会活動などでは、内進生と高入生の交流があります。7つの学系の生徒が、生活の場を共有しており、内進生・高入生関係なく、多様な学びの成果を互いに伝えあうことで、刺激を与えあっています。

2 国際性を育てる語学教育と国際交流

ALT（外国人英語講師）とのチームティーチングによる充実した語学研修と積極的な国際交流が行われています。

英語の授業は、NHKラジオ講座を取り入れた学習を実施し、1～3年生全員が「基礎英語」を毎日家でリスニングすることを前提として進められています。

また、夏休みには、オーストラリアの現地校において、3年生の希望者30人が約10日間のホームステイをしながら、語学研修と異文化交流会を行います。

学習しています。

Q 3年生で行われる「総合的な学習の時間」の「表現」「国際」「科学」とはどのような授業ですか。

【飯田先生】 ふたつの教科を融合させた内容で、3種類のなかからひとつを選択して学習します。

「表現」は、国語と英語の融合科目です。ビブリオバトルの実践や英文物語の翻訳などをとおして、コミュニケーション能力やプレゼンテーション能力を身につけます。

「国際」は社会と英語の融合科目です。国際社会の問題を多面的・多角的にとらえ、英語表現によるプレゼン能力を高め、国際理解を深めます。

「科学」は、理科と数学の融合科目です。理科で行った実験について、数学の知識を使って分析をして結果をだします。埼玉県環境科学国際センターなどの外部機関と連携して高度な内容を学びます。

「表現」「国際」「科学」のいずれも、複数教科の教員によるチームティーチングで授業を進めます。

また、総合的な学習の時間では企業と連携した探究型授業を実践しており、2022年度は丸紅などと実施しました。答えのない問いに対して考えることで、社会で活躍するために必要な「思考力」「感性や創造力」を高めます。

Q 授業以外での学習の取り組みについてお教えください。

【飯田先生】 朝の10分間をスキルアップタイムとして、新聞記事の読みこみと各種検定（漢検、数検、英検）受験に向けた学習を実施しています。各検定は毎学期1回、学校で受験できます。生徒は目標を設定し、年間をとおして計画的に学習を進めています。

定期考査の1週間前からは、全校で「学び合いタイム」を実施しています。放課後を利用し、学習室での友人同士での学びあい・教えあいや教員への質問を行います。学校全体が一丸となって学びに向かう体制をつくっています。

5月から2月の期間で、年に3回程度、土曜日の学習講座「サタデーセミナー」を開講しています。基礎から応用、また教科の枠を越えた探究まで幅広い講座のなかから生徒が希望する講座を選択して参加します。

こうした取り組みにより、生涯学びつづけることができる資質・能力を育成しています。

例年のおもな学校行事

4月	入学式　対面式 宿泊研修(1年)
5月	授業参観　修学旅行(3年) サタデーセミナー①
6月	三者面談
7月	自然体験研修(2年)　夏季補習
8月	オーストラリア交流事業 (ホームステイ／3年生30名)
9月	学園祭　体育祭
10月	サタデーセミナー②
11月	授業公開　ミニコンサート
12月	
1月	百人一首大会
2月	サタデーセミナー③ 校外学習(1・2年) イングリッシュセミナー(3年)
3月	3年生を送る会　卒業式

Q 体験学習を重視されていますね。

【飯田先生】 まず、1年生は入学直後に2泊3日の日程で長野県へ体験研修に行きます。

1年生ではこのほかに社会体験チャレンジとして、飲食店、美容院、保育所、消防署などで職業体験を行います。

2年生では、夏休みに自然体験研修を実施します。昨年度は埼玉県内のげんきプラザを利用し、カレー作りやフィールドワーク、テント泊を行いました。集団生活をとおして、仲間のよさに気づき、よりよい人間関係を築く力を育成します。

3年生では、修学旅行を実施します。行き先は毎年異なり、2023年度は宮城県に行きました。現地では、総合的な学習の集大成として、探究活動を行いました。

これからも生徒の興味や、そのときどきの社会の趨勢(すうせい)をみながら、体験的な学習を創意・工夫していきたいと考えています。

自分の可能性に気づき　どんどん成長してほしい

Q 伊奈学園に入学したらどのように成長してほしいですか。

【飯田先生】 冒頭で「多様性」について触れましたが、これは自己と他者とのちがいだけでなく、同時にひとりの人間のなかについてもいえることだと思います。生徒には、自分自身を見つめ、自分のなかに多様な部分があることに気づいてほしい。そこから自分らしさを発見し、磨くことが大切だからです。ひとつの物差しによる評価、ひとつの失敗の結果で自分を決めつけないでほしいと思います。

急激に子どもからおとなへと成長する過程にある生徒たちは、自分たちのなかに、明るい希望や未来だけではなく、同時に不安や葛藤、とまどいなど混とんとしたものを抱え、自己の多様性にとまどっている時期だといえます。しかし、見方を変えればそれは「可能性」ともいえるのです。

伊奈学園の特徴は自ら進んで学ぶ生徒をきっちり支えるシステムにあります。本校でがんばることによってどんどん成長してほしいですし、自らの興味・関心に従ってやりたいことに積極的に挑戦しながら、それぞれの「可能性」に気づいてほしいです。

さいたま市立 浦和中学校

■併設型
■2007年開校

6年一貫教育の強みを存分に発揮する さまざまな教育活動

今春も、すばらしい大学合格実績を残したさいたま市立浦和中学校。高校進学後を意識し、併設校の強みを存分にいかした、高校とのさまざまな連携教育が特色です。

吉野 浩一（よしの こういち）校長先生

学校プロフィール

開校	2007年4月
所在地	埼玉県さいたま市浦和区元町1-28-17
TEL	048-886-8008
URL	http://www.m-urawa.ed.jp/
アクセス	JR京浜東北線「北浦和」徒歩12分
生徒数	男子120名、女子120名
1期生	2013年3月高校卒業
高校募集	あり
教育課程	3学期制／週5日制（年12回土曜授業あり）／50分授業
入学情報	・募集人員　男子40名、女子40名 ・選抜方法　（第1次選抜） 適性検査Ⅰ・Ⅱ （第2次選抜） 適性検査Ⅲ〈作文〉、 個人面接・集団面接

生徒が楽しみながら力を伸ばせる学校

Q 御校の教育目標についてお話しください。

【吉野先生】「高い知性と豊かな感性・表現力を備えた国際社会に貢献できる生徒の育成」を掲げています。

Q 1期生卒業以来、毎年見事な大学合格実績を残していますね。

【吉野先生】そうですね。立派な結果だと思います。これは内進生だけではなく、高入生も一丸となってがんばった結果ですが、内進生の目標に向かって粘り強く努力する姿勢に高入生も刺激を受ける好循環がありました。

Q さいたま市の掲げる日本一の教育都市実現に向けた御校への期待も大きいと思います。

【吉野先生】私がめざす学校のイメージは「仲間とともに頑張りを楽しみ『力を伸ばす〝市立浦和〟』」です。

学校行事や部活動など仲間とともに楽しい学校生活を送りながら、しっかりと勉強し、高い志をもっ

東京　神奈川　千葉　埼玉

て志望大学に合格する生徒が集う学校です。現在も、そんな力を持った生徒がたくさんいますから、市民の期待を上回る成長が見られると考えています。

ますます充実する「つなぎ学習」

Q 6年一貫教育の流れについてお教えください。

【吉野先生】 前期課程の中1・中2は「基礎」、中期課程の中3・高1は「充実」、後期課程の高2・高3は「発展」とそれぞれ位置づけ、3期に分けた中高一貫教育を行っています。

Q なかでも中期課程の「つなぎ学習」が特徴的です。

【吉野先生】 中高一貫校の強みをいかして、中学校から高校への移行をスムーズにするための学習です。実施科目の変更や内容の改善をはかり、生徒の期待に応えられるように充実させています。

1期生のときは、まだしっかりと方式が定まっておらず、うまく機能していない部分も多かったようです。こうした反省をふまえて改良を重ね、ICTを活用しながら進化をつづけてきました。

中学は少人数授業やチームティーチング（TT）、双方向の授業も多いですが、高校になれば講義形式も増え、学びが変わります。

また、中学では受け身がちな生徒が多く、学習進度が遅れていたり、未提出の課題がある生徒には教員側からすぐ声をかけますが、高校では生徒が自分から積極的に学んでいくことが求められます。

こうした中高でのちがいに対しても、「つなぎ学習」を実施することで、無理なく対応できます。「つなぎ学習」では、中3の数学、英語など、毎週かならず高校の先生が授業を受け持ちます。

理科では高校の各分野の専門の先生が、社会科では歴史分野を中心に、実技教科でも家庭科、美術などは高校の先生です。

とはいえ、いたずらに先取り授業を進めているわけではありません。高校の先生による授業は、さらに深く学ぶなど、補充的・発展的な部分を担っています。

Q より専門的な授業内容となるので、生徒さんの知的好奇心も喚起されそうですね。

【吉野先生】 高校の先生による授業は中学校とはスタイルも変わるの

PICK UP!

1 独自の教育活動 "Morning Skill Up Unit"(MSU)の展開

生徒ひとりにつき1台のノート型パソコンを活用し、週3日、1時限目に60分の時間を設けて国語、数学、英語の各教科を20分ずつ学習します。

国語（Japanese Plusの学習）は、すべての学習の基礎となる「国語力」の育成がはかられます。短作文、暗唱、書写、漢字の書き取りなどに取り組み、基礎・基本を徹底する授業です。

数学（Mathematics Drillの学習）は、日常生活に結びついた「数学的リテラシー」の向上をめざします。四則計算や式の計算といった基礎的な学習、数量や図形に対する感覚を豊かにする学習です。

英語（English Communicationの学習）は、英語での「コミュニケーション能力」の育成が目標です。日常会話やスピーチなどの生きた英語を聞く活動、洋書を使った多読活動、英語教師との英語によるインタビュー活動や音読活動を行うなど、バリエーションに富んだ多彩なプログラムが用意されています。

2 英語教育を基盤とした 海外Field Work(オーストラリア・ブリスベン)の実施

中学校生活をとおして、浦和中学校の英語教育では日常的に少人数による授業を実施し、コミュニケーションをはかる取り組みやプレゼンテーションの機会を設定しています。

また、高校のネイティブ教員やALTによる授業、討論、スピーチ、ディベート、パネルディスカッションなども実施し、英語を活用して自分の言葉で豊かな表現ができるようにしていきます。

中3では、中学校の英語学習の集大成としてオーストラリアのブリスベンなどを訪問し、生徒たちが学んだ英語力をいかしながら、ホームステイや現地校の授業、行事などに参加します。

現地のかたがたとの英会話や文化交流をすることで、生徒たちは英語や国際交流への興味・関心をいっそう高めていきます。また、参加した生徒からは、「海外で求められるのは英語力だけでなく、英語がうまく話せなくても、工夫して自分の考えや想いを相手に伝える力も大切だと実感した」などといった感想もよせられています。

で、刺激になり、生徒の学習意欲にもつながっています。

また、夏休みには中高とも夏期講習があります。中学は夏休みの初めに復習的な内容を多く取り入れていますが、発展的な内容の講座も開講しています。さらに、高校に進学した内進生が中学生の学習サポートに来てくれます。

本校では、中高一貫教育を行うメリットが学校全体で認識できています。先生がたも「あれもできる」「これもやってみたらいいんじゃないか」とアイデアをだしあいながら取り組んでいます。つぎの段階に進んできていることが感じられます。

少人数制授業と特徴的な学習プログラム

Q 少人数制授業も中学の大きな特色ですね。

【吉野先生】 数学、英語で中1から1クラスをふたつに分ける少人数制授業を行っています。

クラスを分けられない教科でも、高校の先生といっしょにTTを実施することで、手厚い指導を展開できます。

さらに、中1～中3の英語授業では高校のネイティブ教員に加え、高校のALTが受け持つ授業を週に1回実施しており、ときには中学校のALTも加わります。これらをとおして英語力の向上をはかっています。

Q 自分の言葉で表現する活動が充実していますね。

【吉野先生】 国語や社会では、討論やスピーチ、ディベート、パネルディスカッションなどの学習を計画的に取り入れています。

また、こういった積み重ねの集大成は、中3で実施する海外フィールドワークで、現地のかたがたへの日本文化の紹介などにつながります。

英語では、校内で中高合同の英語のレシテーション（暗唱）コンテストを行います。上位の生徒は市や県の大会に参加し、毎年、優秀な成績を残しています。

このコンテストは、英語の知識や表現力を養うことにつながるのですが、なんといっても、本校では高校でその力をさらに伸ばす場が多く用意されているところが大きいと思います。もともと高校は英語教育や国際交流に力を入れている学校ですから、中学で得た英

例年のおもな学校行事

4月	入学式　新入生歓迎会
5月	部活動本入部 カウンセリングウィーク①
6月	中高合同体育祭 英語レシテーションコンテスト
7月	南郷自然の教室（1年）　夏期講習 カウンセリングウィーク②
8月	サマーイングリッシュセミナー
9月	中高合同文化祭
10月	プラネタリウム学習（3年） 校内写生会（1年）
11月	科学館実習（2年）　芸術鑑賞教室 人権教育講演会 カウンセリングウィーク③
12月	博物館実習（1年）　修学旅行（2年）
1月	
2月	ロードレース大会 海外フィールドワーク （オーストラリア・3年）
3月	卒業式

語力や興味を高校でさらに育てていくことができます。

交換留学も毎年実施しており、内進生で高校入学後に留学する生徒もいます。

大学進学の面で結果がでるのももちろんすばらしいことですが、こういった面でがんばっている生徒がいるのも、本校の中高一貫教育の成果だと思います。

学校生活全体で中高一貫教育を実践

Q 学校行事や部活動も中高いっしょに行われていますね。

【吉野先生】 たとえば、体育祭は中高6学年を縦割りにします。別々に行っていた時期もありましたが、現在は例年高校の8クラスと、中学の各学年2クラス80名ずつを、8つに分けるかたちで実施しています。

お互いを応援し、席を隣にすることは、中学生、高校生ともに貴重な経験になっているようです。

部活動も中高いっしょに行う部も多いですし、現在は運動系の部活動を中心に、中3が公式戦がなくなったあとに、希望者は早めに高校の活動に参加できるようになっています。

このように勉強の面だけではなく、学校生活全体で中高生がいっしょに活動する場面を増やしています。

Q 施設も立派で、教育環境が充実していますね。

【吉野先生】 校舎は中学校開校時に新築していて、窓が大きく、明るめの色調できれいです。

高校に図書室、さらに中学にメディアセンターというものもあり、両方とも使えます。高校側にある理科系の実験室も利用できますし、学習環境は整っています。校庭は人工芝です。

Q 最後に、受検生に向けたメッセージをお願いします。

【吉野先生】 なにごとにも前向きに取り組み、粘り強くがんばる生徒が、本校の学びにマッチし、さまざまな能力を伸ばしています。高い志を持って、努力しつづけられる生徒さんに入学してもらいたいですね。

そして、高校に進学したあとは、高入生と励まし支えあいながら切磋琢磨し、たくましくがんばっている先輩たちにつづいてくれる生徒さんを待っています。

さいたま市立

大宮国際中等教育学校

■中等教育学校
■2019年開校

未来社会を生き抜く力を身につける 新しい学びを「大宮国際」で

関田 晃 校長先生

2019年4月、さいたま市にふたつ目の公立中高一貫校が誕生しました。未来社会で生き抜いていくための力を養う最先端の教育を提供することをめざす学校です。

英語を「道具」として使いこなして世界へ

Q 御校ではどのような生徒を育てたいと考えているのでしょうか。

【関田先生】「誰も見たことのない世界で通用する『真の学力』を持った生徒を育てたいと考えています。

いまは未来社会の予測がむずかしくなっています。そうした社会を生きていく子どもたちにつけてあげたい力とは、「なぜだろう」というテーマ設定をして、それをいろいろなかたちで考えて議論し、そこから多くの人が納得できる解をだすことができる力です。「正解」をだすというのはむずかしくても、多くの人から「それがいいね」というコンセンサス（合意）を得られて、新しい価値を生みだすことができる力ですね。

それをさらに具体的に、めざす学習者像として「未来の学力が備わった人」、「国際的な視野を持った人」、「よりよい世界を築くことに貢献する人」と定めました。

Q 校名からも「英語教育」に特化

学校プロフィール

開　校	2019年4月
所在地	埼玉県さいたま市大宮区三橋4-96
TEL	048-622-8200
URL	https://www.city-saitama.ed.jp/ohmiyakokusai-h/
アクセス	JR各線・東武野田線・埼玉新都市交通ニューシャトル「大宮」バス
生徒数	男子389名、女子389名
1期生	5年生
高校募集	なし
教育課程	2学期制／週5日制（隔週で土曜授業実施）／100分授業（一部50分授業あり）
入学情報	・募集人員 （特別選抜）全体の1割程度 （一般選抜）男子80名程度、女子80名程度　計160名
	・選抜方法 （特別選抜）〈第1次選抜〉適性検査D、集団面接 〈第2次選抜〉適性検査E、集団活動 （一般選抜）〈第1次選抜〉適性検査A・B 〈第2次選抜〉適性検査C、集団活動

東京　神奈川　千葉　埼玉

するようなイメージも持ちますが、それだけではないということでしょうか。

【関田先生】 そう思われてしまいがちですが、英語はあくまでも「道具」です。たとえば私たちはいま、日本語でコミュニケーションを取っていますが、お互いに日本語がわかるから簡単に意思疎通ができて、考えがまとまるわけです。ですが、少し世界に目を向けると、最も便利なコミュニケーションの手段というと、現時点では英語になります。母語である日本語に加えて、英語でも同じように意思疎通ができるようになると、意見交換が可能になる人は爆発的に増えますよね。そうすると、これまではあるテーマについて意見を求められたのが5人だったのが、10人になって、さらに豊かな考えが展開できるようにもなります。

ですから、もちろんさまざまなカリキュラムによって英語教育は充実させます。ただ、それはあくまでも道具としての英語を磨くための手段であって、最終的にめざしているのは、ここまでお話ししてきたように、その道具を使ってより多くの人と意見をすりあわせて、新しい価値を生みだせる力をつけるということです。

5年生からの特徴的なコース設定

Q 6年間の教育課程はどのようなかたちになるのでしょうか。

【関田先生】 学習ステージをふたつに分けていきます。ひとつ目は「Empowerment Stage（力をつけるステージ）」として、1年（中1）から4年（高1）までの4年間、IBの教育プログラムであるミドル・イヤーズ・プログラム（MYP）の理念をもとにした授業を行います。5年（高2）、6年（高3）の2年間は「Achievement Stage（力を発揮するステージ）」として、3つのコースに分かれて生徒それぞれの希望進路に沿った学習を展開します。

3つのコースには「Global Course（グローバル・コース）」、「Liberal Arts Course（リベラルアーツ・コース）」、「STEM Course（ステム・コース）」があります。

「グローバル・コース」は、IBの※ディプロマ・プログラム（DP）を導入して、授業はかなりの部分

※国際バカロレア機構が提供する、16〜19歳の生徒が大学やその他の高等教育機関に備えるための、２年間の国際教育プログラム

PICK UP!

1 主体的に学びつづける姿勢を養う「3G Project」と「LDT」

これからの社会で活躍できる人になるためには、主体的に学びつづける姿勢を養うことが欠かせません。そうした姿勢を身につけるための教育プログラムとして用意されているものに「3G Project」と「LDT（Learner Directed Time）」があります。

「3G Project」は「Grit（やり抜く力）」、「Growth（成長し続ける力）」、「Global（世界に視野を広げる力）」という3つの「G」を育てる探究活動で、週に2時間、さまざまな課題について、日本語、または英語でその課題の解決に向けて個人やグループでの話しあいや研究を行い、そのつど発表の機会を設けます。あるものごとについて問題意識を持つことからスタートし、6年間つづけることで、視野が広がり、多種多様なテーマについて問題意識を持つことの大切さを知り、学びの技法などを養うことができます。

「LDT」は、土曜日に隔週で設けられる「自分で自分の学習をプロデュースする時間」です。生徒それぞれが自分で学びたいことを考え、そのテーマについて深く学ぶための時間です。ときには教室の外に飛びだして、あるときは大学、あるときは研究機関、あるときは企業を訪問するということも可能です。

2 英語を使いこなせるようになるためのさまざまな教育プログラム

世界中の人びとと深いコミュニケーションをはかるための手段として、英語を使いこなせるようになることをめざす大宮国際では、1年の段階から積極的に英語を使う機会を設けます。まず、毎朝、始業前の時間帯は生徒、教職員すべての人びとがオールイングリッシュでさまざまな活動に取り組む時間が設定されています。

教育プログラムのなかで特徴的なのは、複数いるネイティブスピーカーの教員が主体となる週2時間のプログラム「English Inquiry（イングリッシュ・インクワィアリー）」です。いわゆるイマージョン教育ですが、いきなり数学を英語で学ぶということではなく、日本語で学んだ教科や単元を、さらに英語で深く学ぶというものです。すでに基礎知識がしっかりと定着していることで、無理なく理解を深め、かつ、英語力も身につく構成になっています。

が英語になるコースです。このことから、2022年5月にIBDP校として認定されました。

「リベラルアーツ・コース」はその名のとおり、文系・理系の区別なく、幅広く深い知識を身につけていくコースです。

そして、「ステム・コース」は文系、理系でいうと理系よりで、S（Science、サイエンス）、T（Technology、テクノロジー）、E（Engineering、エンジニアリング）、M（Mathematics、数学）の領域にまたがる、学際的な学びを行っていくコースです。

Q 学校行事や部活動はどのように進められていますか。

【関田先生】 まず、本校の特徴として、グローバルな視点を育むための校外行事を準備しています。1年次に国内異文化体験として福島のブリティッシュヒルズで2泊3日の宿泊を行います。3年次にはオセアニア地域での海外語学研修、4年次は国内でプロジェクトベース型の修学旅行を実施し、5年次にアメリカでの海外フィールドワークを行う予定です。

また、本校はアウトプットする機会を大切にしています。そこで、各教科の学びの特徴を探究し、その成果を発表する探究発表会、英語で学んだことを演劇で発表したり、音楽で学んだ曲を演奏したりする文化表現発表会を行い、学びと表現のサイクルを意識しています。

部活動などの放課後活動は、「After School Activities」として、これまでとはちがったあり方になります。CA（Club Activity）は、シーズン制で行い、さまざまなクラブを経験できるように工夫しています。もちろん強制ではなく、これまで習いごとをつづけてきた生徒や研究活動をしたい生徒はそうできます。このように放課後活動についても、既成概念にとらわれずに未来志向をめざしています。

新しい学校で新しい学びを

Q 4月に入学された5期生のようすをお教えください。

【関田先生】 入学式を4月7日に来賓や保護者の参加を制限し、また式次第を短くするなどの新型コロナウイルス感染拡大防止策を講じ挙行しました。

例年のおもな学校行事

4月	入学式　表現発表会
5月	体育祭
6月	海外語学研修（3年・4年） 海外フィールドワーク（5年）
7月	3者面談
8月	模擬国連
9月	国内異文化体験（1年） 遠足（芸術鑑賞教室・2年）
10月	探究発表会
11月	3者面談　MOIS CUP
12月	
1月	
2月	
3月	大宮国祭（文化祭）

小学校とはちがい、電車やバスでの通学、1教科100分間の授業、クラスとは別の学習グループで授業を受けるなど、本校ならではの学校生活にも、ゴールデンウィーク明けには多くの生徒が慣れていました。また、すべての教科の授業でひとり1台のタブレットPCを使いこなし、学習を進める姿も多く見られました。

6月過ぎには、授業が進むにつれて各教科の総括的評価課題の取り組みが増えたり、CAが始まったり、LDT（Learner Directed Time）で各種ワークショップに参加したりと、活動内容が多岐にわたったことで、なかには生活リズムを崩してしまう生徒が見受けられるようになりました。しかし、生活の課題を解決するためのクラス会議を開いたり、クラスメイトと同じ悩みを共有したり、2、3年生が開催した「先輩相談室」でアドバイスをもらったりして、見事解決していきました。

これからも、生徒には国際的な視野を持ち、世界中の人たちとコミュニケーションを取り、多くの困難な課題を解決しようとする強い信念と、大きな志を持ってもらいたいと思います。

Q 受検生に向けてのメッセージをお願いします。

【関田先生】 本校の適性検査は、特別な訓練は必要ありません。ふだんからしっかりと小学校で学ぶべきものを学んでもらえれば解けるような問題を出題しています。英語の検査もありますが、英語の能力が高くなければ入学できない、というような学校でもありません。それよりも、本校ではさまざまな人と、さまざまな場面で「コミュニケーションを取ること」が求められます。ですから、人と積極的にコミュニケートする気持ちを持っていることの方が大切かもしれません。

入学すると、新しいプログラムに基づき、新しいスタイルの学習に取り組むことで「真の学力」、「未来の学力」を身につけていくことになります。それは、みなさん自身がよりよく生きるための学力であり、よりよい世界の未来を築くことに貢献できる学力です。

本校で、中高一貫の6年間を過ごし、新しい仲間とともに、高い志を抱き、それを実現するために必要な力を身につけませんか。

川口(かわぐち)市立高等学校附属中学校

■併設型
■2021年開校

なにごとも自分で考え判断し
行動できる人材へ

最先端の施設・設備が整う恵まれた教育環境のもとで開校した川口市立高等学校附属中学校。2023年度の入学生で3学年がそろい、「自分たちの手で学校の歴史をつくる」という熱意を持った生徒が集う「これからの学校」として注目を集めています。

小堀(こぼり)　貴紀(たかのり)
校長先生

「自立」と「自律」を胸によりよい学校をつくっていく

Q 御校は川口市初の公立中高一貫校として、どのような思いでスタートされたのでしょうか。

【小堀先生】 川口市にあるほかの学校をけん引する存在にならなければと考えています。2021年度に開校したばかりですから、歴史も文化もありません。まだまだ白紙の状態です。生徒一人ひとりが「よりよい学校を創る」という思いを持つことが求められます。

キーワードは「自立」と「自律」です。主体的に学校生活を送りながらも、自己中心的になるのではなく、つねに自らを律し、まわりの人のことを考えて判断、行動できる人材になってほしいですね。生徒にはなにごとも自分自身で考え、そのうえで生徒同士、ときには教員とも議論し答えを見つけだすことが大事だと伝えています。また、教員にも生徒と議論する時間を大切にしてほしいと話しています。

Q 教育目標についてお話しくださ

学校プロフィール

開　　校	2021年4月
所 在 地	埼玉県川口市上青木3-1-40
T E L	048-483-5513
U R L	https://kawaguchicity-jh.ed.jp/
アクセス	埼玉高速鉄道「鳩ヶ谷」徒歩20分またはバス、JR京浜東北線「西川口」徒歩25分またはバス、JR京浜東北線「川口」「蕨」・JR武蔵野線「東川口」バス
生 徒 数	男子120名、女子120名
1 期 生	3年生
高校募集	あり
教育課程	3学期制／週5日制／45分授業
入学情報	・募集人員　男子40名、女子40名 計80名 ・選抜方法　適性検査Ⅰ・Ⅱ・Ⅲ、集団面接、調査書

東京　神奈川　千葉　埼玉

い。

【小堀先生】 教育目標は、川口市立高等学校と共通のもので「未来を創る　しなやかでたくましい人材の育成」を掲げています。時代の激しい変革や多様化・複雑化する社会のニーズに柔軟に対応する「しなやかさ」を持ち、さまざまな人びとと協力しながら困難な問題に「たくましく」立ち向かい解決できる力を養うことで、日本をリードし「未来を創造する」人材を育てていきます。

生徒が主役の「学習者起点の教育」

Q 日々の教育で意識されているのはどのようなことですか。

【小堀先生】「学習者起点の教育」です。学びの主役は生徒であり、一人ひとりの「知りたい」「わかりたい」「できるようになりたい」という思いが、学校を動かす力の源であると考えています。その思いを、学校、家庭、地域が一体となって応援する学校をめざしています。

また、生徒には「よき学習者」になるよう伝えています。学びに対する高い志と情熱を持ち、自ら調べ、仲間と意見を交わしながら、課題に対する最善・最適な解決策を見出そうと努力する、そして生涯にわたって学びつづけられる人材が「よき学習者」だと私は考えています。しかし、これが「よき学習者」の最終的な姿ではありません。在校生、そしてこれから入学してくる生徒たちが「よき学習者」の姿をよりよいものにアップデートしつづけてくれることを期待しています。

Q 入学された在校生のようすを教えてください。

【小堀先生】 学習意欲が高く、自主的に予習や復習に取り組んでいます。授業中も積極的に発言していますし、クラスメイトとも活発に議論しています。充実した学校生活を送っていると感じます。

また、各学年80人と人数が少ないこともあり、仲間意識はとても強く「自分たちが学校の歴史をつくるんだ」という熱い思いを持って日々を過ごしています。

少人数クラスを編成 理数・英語教育に注力

Q カリキュラムやクラス編成についてご説明ください。

PICK UP!

1 最先端の施設・設備が整う恵まれた教育環境

川口市立高附属は、2018年に3校が統合して誕生した川口市立高と校舎をともにしており、最先端の施設・設備が整う恵まれた教育環境を有しています。校舎は開放感にあふれ、ときに友人と語らい、ときに自習する場として自由に使えるオープンスペースもあります。

なかでも特徴的なのは「空間UI教室」。UIとは「ユーザーインターフェース」の略で、ICT機器やソフトウェア、システムなどとその利用者の間で情報をやり取りする仕組みのことです。机や壁に情報が映しだされ、瞬時にみなで情報を共有することができる「空間UI教室」を、各教科の授業で活用しています。

運動施設としてはふたつのアリーナ棟が用意されています。バスケットボールコートが3面とれる広さを持ち、480人の観覧席も有する大アリーナ棟には、大浴場を備えた100人収容可能な宿泊研修室も完備。宿泊研修室は部活動の合宿などで使用されます。中アリーナ棟はトレーニングゾーンや冷暖房完備の柔剣道場を備えています。人工芝のフィールドと400mのタータントラックを有するグラウンドや50mプール（室外）もあり、施設・設備が充実しています。

加えて、学校近くにある川口市立科学館で理数教育を行ったり、青木町公園総合運動場で運動部が活動したりと、地域の施設を活用しやすい立地にあることも魅力です。

2 本物体験を提供するプログラムを用意

川口市立高附属では、土曜日などに、希望者を対象としたさまざまな検定試験や講座を実施しています。講座は各分野で活躍するかたがたを講師として招いて話を聞いたり、大学と連携し、最先端の研究について学んだりと、本物に触れることを大切にする点が特徴です。こうした講座は、キャリア教育の一端も担い、生徒が進路や将来について考えるきっかけにもなると考えられています。

本物に触れる経験を重視するのは下記でご紹介した理数教育や英語教育についても同様です。教室を飛びだして実施するフィールドワーク、CIRとともに行うオールイングリッシュの授業などをつうじて本物に触れ、豊かな感性を身につけていきます。

【小堀先生】 6年間を3つのPhase（段階）に分け、Phase1の中1・中2は「基礎・基本」、Phase2の中3・高1は「探究・実践」、Phase3の高2・高3を「発展・挑戦」「飛躍・敢為」の期間と位置づけています。授業時数は45分×7時限、週35時間です。国語、数学、英語、社会、理科の授業時間数を多く確保し、各教科で発展・応用的な内容を取り入れています。

クラス編成は、1クラス30人未満の少人数です。なお、高校に進学した際も、高校からの入学生とは3年間別クラスとなります。

Q 御校ならではの授業、プログラムについてご紹介ください。

【小堀先生】 ひとり1台キーボードつきのタブレットPCを持ち、各教室には可動式の大型ホワイトボード、プロジェクターが設置されているなどICT環境が整っており、ほぼすべての教科でこれらのICT機器を活用した授業を行っています。

さらに、理数教育や英語教育に力を入れているのも特徴です。前述したようにホームルームクラスも少人数ですが、数学や英語では1クラス2展開にし、さらにきめ細やかに指導しています。

理数教育では、中1は地層観察、中2は気象学習、中3は天体観測をテーマに探究活動を行う「サイエンスフィールドワーク」を実施します。また、学校から5分のところにある川口市立科学館との連携プログラムも用意しています。

英語教育においては、1冊のテキストを5回ほど繰り返し学び知識の定着をうながす「ファイブラウンド方式」を導入するとともに、各自治体に派遣された国際交流を担当する外国青年CIRが参加するオールイングリッシュの授業もあります。中3では、世界の諸問題について英語で学ぶ独自の学校設定科目「Global Issues」にも取り組みます。そのほか、英語漬けの1日を過ごすイングリッシュキャンプなどの行事も実施予定です。

このように、入学後は英語に触れる機会がとても多いので、小学生の間に英語を聞くことに慣れておくといいと思います。

そのほか、STEM※教育も取り入れ、筋道を立ててものごとを考える力や、課題を自ら発見し粘り強く答えを探しだす力も育成して

※科学（Science）・技術（Technology）・工学（Engineering）・数学（Mathematics）の4教科を組みあわせて、さまざまな課題解決にいかす教育

例年のおもな学校行事

4月	入学式　宿泊研修（中1）
5月	
6月	TOEFL受検
7月	イングリッシュアドベンチャー 企業訪問（中2）
8月	
9月	文化祭　体育祭（中高合同）
10月	自然教室（中2） サイエンスフィールドワーク（中1・地学）
11月	強歩大会　音楽祭　TOEFL受検
12月	サイエンスフィールドワーク（中3・天体）
1月	サイエンスフィールドワーク（中2・気象）
2月	課題研究発表会 研修旅行（中3）
3月	社会体験研修（中1） スポーツフェスティバル　卒業式

いきます。

Q 部活動には取り組めますか。

【小堀先生】 現在11の部を用意しています。運動部は体格差・体力差などの関係で中高別々ですが、文化部の合唱部は中高合同です。今後も新しい部を含め、高校と連携した部活動も検討していきたいです。

Q ほかにも高校生と触れあう機会はありますか。

【小堀先生】 体育祭や文化祭は高校生といっしょに行いますし、ふだんから同じ校舎で学校生活を送っているので、高校生の姿を日常的に目にすることができます。登校時にハキハキとあいさつしている姿、定期試験前に校内で遅くまで自習している姿、そうした高校生のようすをみることで、中学生も刺激を受けています。

小学校での授業を大切に自分の強みを見つける

Q 適性検査についてのアドバイスをお願いします。

【小堀先生】 本校の適性検査は、知識を暗記すれば解けるというものではありません。文章や資料、図形などから見出される問題点について粘り強く考え、その結果を表現する力をみています。

まずは小学校で行われている各教科の授業にしっかりと取り組んでください。そしてニュースで取り上げられている問題、身のまわりのできごとなど、疑問に感じたこと、興味を持ったことについて、これまで学んできたことを活用して自分なりに考える習慣を身につけておくといいと思います。

Q 読者に向けてメッセージをお願いします。

【小堀先生】 在校生をみていて感じるのは、好きな教科や興味のあることがらに精通していて、それを自分の強みにしているということです。自分の強みがわかれば、ほかのことにも自信を持って挑戦できるはずです。みなさんも好きなことを追求しながら、その一方でさまざまなことにチャレンジしてみてください。

入学後は高い目標を持って学校生活を送り、本校での学びをつうじて豊かで柔軟な発想力や行動力を養いましょう。川口市はもちろん、日本の、世界の未来をつくるリーダーとして活躍したいと考えるみなさんを待っています。

あとがき

首都圏には、近年つぎつぎと公立の中高一貫校が誕生しました。２０２１年４月には、川口市立高等学校附属中学校、２０２２年４月には千葉市立稲毛国際中等教育学校が開校しました。これら２校を含め、現在４都県には23校の公立中高一貫校があります。

その教育は、２０２３年春の大学入試において、東京都立小石川中等教育学校の15人をはじめ、全体で79人の東京大学合格者を輩出していることからもわかるように、期待どおりの成果をあげています。

いま、中学受験を迎えようとしている受験生と保護者のかたは、私立にしろ、公立にしろ、国立にしろ、これだけ学校の選択肢が増えた、その真っただなかにいるのですから、幸せなことだといえるでしょう。ただ、選択肢が増えるということは、それはそれで悩ましいことでもあります。

お手元にお届けした『２０２４年度入試用　首都圏　公立中高一貫校ガイド』は、そんなみなさんのために、各校のホンネ、学校の素顔を校長先生のインタビューをつうじて探りだすことに主眼をおきました。また、公立中高一貫校と併願することで、お子さまとの相性がマッチするであろう私立の中高一貫校もご紹介しています。

学校選択の基本はお子さまに最も合った学校を見つけることです。その学校が、ご家庭のポリシーとも合っていれば、こんなによいことはありません。

この本をステップボードとして、お子さまとマッチした学校を探しだせることを祈っております。

『合格アプローチ』編集部

2023年８月７日初版第一刷発行
定価：1100円（10％税込）

発行所／株式会社グローバル教育出版
〒101-0047 東京都千代田区内神田2-4-2
一広グローバルビル3F

ご投稿・ご注文・お問合せは　株式会社 グローバル教育出版

電話番号 03-3253-5944（代）（合格しよう）
FAX 03-3253-5945
URL https://www.g-ap.com
e-mail gokaku@g-ap.com